거리의 현대사상

우리 주위에 만연한 허위 상식 뒤집기

우치다 타츠루 지음 | 이지수 옮김

서커스

목차

거리의 현대사상

제 1 장

문화자본주의의
시대

'넘으려 해도 넘을 수 없는 바보의 벽'

졸업논문이 이메일로 와서, 잇따라 읽어나가며 코멘트를 덧붙여 답장을 보낸다. 열여섯 통을 읽어야 해서 큰일이다.

내 세미나에서는 어떤 주제로 졸업논문을 써도 괜찮다. 하지만 나도 일단은 문학 연구자 나부랭이여서 문학 작품을 논문 주제로 골라주면 몹시 기쁘다.

올해는 네 학생이 모리 오가이, 미시마 유키오, 다니자키 준이치로, 무라카미 하루키에 대한 작가론을 썼다. 모든 논문이 꽤 수준 높다.

요즘 젊은 애들은 문학 작품을 안 읽는다는 게 미디어에서는 '상식'으로 통하지만, 이런 '미디어가 명백하다고 보는 상식'은 별로 믿어서는 안 된다.

젊은 사람들은 의외로 책을 읽고 있다. 그것도 상당히 억척스럽고 깊이 있게 읽고 있다.

다니자키 준이치로론을 쓴 I우에는 다니자키의 모든 작품뿐만 아니라 다니자키 마츠코*의 편지까지 독파했으며, 무라카미 하루키론을 쓴 T다도 하루키의 모든 작품과 대표적인 선행연구를 종이가 뚫어져라 통독했다.

그 정도까지 읽는 사람은 옛날 문학소녀 중에서도 별로 없었다.

그런데 학생들의 독서법은 '옛날 문학소녀'와 상당히 다르다.

우리 정도의 세대까지 문학에 대한 지식은 '기본적인 교양'으로 여겨져서, '지적인 고등학생으로 보이기 위한 필독서 리스트'에 대한 암묵적인 사회적 합의가 있었다. 그러므로 우리는 그 리스트의 책 제목을 하나하나 지워나가는 식의 '의무적인 독서'에 힘썼다.

'다들 읽는 책이니까 나도 읽어야 해'라는 교양주의적 독서는 문학 작품으로 향하는 동기로서는 불순하지만, 결과적으로

---

* 다니자키 준이치로의 세 번째이자 마지막 아내. 수필가이기도 하다.

'교양'의 평준화가 이루어진 것은 분명한 사실이다.

하지만 요즘 문학소녀들은 그런 식으로 책을 읽지 않는다.

요사이 젊은이들의 두드러진 특징은 '특정 장르'에 대한 관심의 집중이다. 문학이든 영화든 음악이든 만화든 흥미 있는 장르에 대해서는 이상하리만치 환한데 인접 장르에 대해서는 종종 아무것도 모른다.

우리 세미나의 학생들도 저마다의 작가에 대해서는 상당한 수준의 졸업논문을 썼지만, 신기하게도 그 넷이 한자리에 모일 경우 '문학 이야기로 분위기가 달아오르는' 일은 일어나지 않는다.

이유는 짐작하시는 대로다.

자신의 졸업논문 주제인 작가 말고는 '안 읽었기 때문에' 이야기가 통하지 않는 것이다.

이 부분이 옛날 문학소녀와의 극명한 차이다.

옛날 문학소녀는 '조금씩 얼추 다 읽는' 방식으로, 깊이는 얕지만 한눈에 내려다보는 식의 독서를 했다. 그래서 자신이 읽은 범위 안에 있는 작가 이름과 작품 제목을 줄줄이 대며 "……는 재밌었지만 ……은 좀 별로야"라는 적당한 감상을 흘리는 정도이긴 해도, '문학 이야기로 분위기가 달아오를' 수 있었다.

요즘의 '문학소녀'들은 문학을 공통의 화제로 삼는 경우가 거의 없다.

이런 상황은 음악에 대해서도 비슷하다.

"취미? 음악 감상. 아침부터 밤까지!"

"우와, 진짜? 나도야. 무슨 음악 들어?"

"나? 메릴린 맨슨. 너는?"

"……스피츠."

이렇게 음악 이야기는 시작한 지 3초 만에 끝나버린다.

여기서 눈앞에 드러난 문제는 '요즘 젊은이는 문학을 읽지 않는 것'이 아니며, 또한 '음악을 듣지 않는 것'도 '영화를 보지 않는 것'도 아니다. 다들 상당히 집중적으로 읽고 듣고 보고 있다. 문제는 그로부터 얻은 정보나 식견을 '공유하는 차원'이 없다는 것이다.

우리는 이런 경향에 대해 대충 뭉뚱그려서 "교양이 없다"는 비판적인 말을 한다. 하지만 그 말로는 설명이 부족할 성싶다.

학생들이 갖추지 못한 것은 '지식'이나 '정보'가 아니다. 반복해서 말하건대 학생들은 특정 주제나 장르에 대해서는 실제로 일반인과는 비교도 안 될 정도로 세세한 지식을 가지고 있다.

학생들에게 없는 것은 '지식'이 아니다(지식이라면 넘치게 있다). 그들에게 결여된 것은 '자신에게 있는 지식은 무엇이고 없는 지식은 무엇인가'에 대한 인식, 스스로가 '아는 것'과 '모르는 것'을 한눈에 쫙 내려다보는 시점, 한마디로 말하자면 '자신의 지식에 대한 지식'이다.

'교양'이란 '날것'의 지식이나 정보가 아니다. 교양은 지식이나 정보를 질서 있게 정리하거나 전체적으로 제어하고 조작하는 '방법'이다.

회화적인 비유를 들자면, '교양'이란 '동서고금의 모든 지식'을 망라한 거대한 도서관이 있다 치면(헤겔-보르헤스적인 환영이다) 자신이 가지고 있는 지식이나 정보가 그 거대한 도서관의 어느 동, 어느 층, 어느 책장에서 어떤 분류 항목명을 달고어떤 책과 나란히 꽂혀 있는지를 상상할 수 있는 능력이다.

이 '우주론적 도서관'의 장서 수에 비하면 자신이 그곳에 기증할 수 있는 책의 양은 빤하다. 하지만 자신의 책이 '어디에몇 권이 배치되어 있는지'를 정확하게 파악할 수 있는 사람은그 도서관의 모든 장서를 자유자재로 활용할 수 있는 잠재적인 능력을 가지고 있다고 말할 수 있다.

내가 '앞으로 읽을 책'은 '아직 읽은 적이 없는 책'이다. 도서관 이용 노하우는 딱 하나, '내가 아직 못 읽은 책이 어디에 있으며 어떻게 도움이 되는지를 아는 것'이다.

나는 방금 '교양'이란 '지식에 대한 지식'이라고 썼는데, 이

도서관 비유를 바탕으로 더 정확히 말하자면 '교양'이란 '자신이 무엇을 모르는지에 대해 아는 것', 즉 '자신의 무지에 대한 지식'이다.

학생들의 명예를 위해 덧붙이자면 네 명의 졸업논문은 논문으로서는 뛰어났다. 행간을 읽어내는 힘, 공감 능력, 관계성을 발견하는 힘, 학생들은 대체로 좋은 뜻에서 '문학적 감수성'을 갖추고 있다. 하지만 자신이 지금 하는 작업을 한눈에 내려다보는 시점 없이는 아무래도 문제가 해결되지 않는다는 절실함은 없다. 아마 이 '절실함'이 '교양'의 동기라는 사실을 학생들은 아직 모르는 것이리라.

이런 경향은 온갖 지적 영역에서 생기고 있는 듯하다.

이는 '문화자본의 편재'라는 형태로 우리 눈앞에 나타나고 있다.

도쿄대학 교육학부의 사토 마나부 선생과 얼마 전 이야기를 나눌 기회가 있었다. 그때 사토 선생이 먼저 지적하신 부분이 이 점이었다.

도쿄대 입학생 부모의 연수입이 급상승하고 있으며, 부모의 경제력과 아이가 습득하는 학습자본 사이에 노골적인 상관관계가 생기고 있다는 사실은 이미 미디어도 보도하고 있다. 그런데 사태는 한층 심각한 모양이다.

도쿄대생 한쪽에는 어린 시절부터 풍부한 문화자본을 누려온 계층의 아이들이 있다. 예술 작품에 대한 감식안을 갖추었다든지, 뉴욕과 파리에 별장이 있다든지, 몇 개 국어를 읽을 수 있다든지, 노가쿠*를 즐긴다든지, 무술의 달인이라든지, 난바다까지 나갈 수 있는 가족용 크루저가 있다든지⋯⋯ 그런 풍성한 문화자본을 윤택하게 누려온 학생들이 있는 한편, 오로지 보습학원을 다니며 수험 공부만 해서 좋은 성적 말고는 이렇다 할 재주가 없는 대다수의 학생들도 있다. 이 두 집단 사이에 확연한 '문화의 벽'이 생겨나고 있으며, 그 벽이 그들 사이의 커뮤니케이션을 방해하는 것처럼 보인다는 게 사토 선생의 이야기였다.

이와 같은 현상은 운동선수를 볼 때도 느껴진다.

한편에서는 세계적 수준의 신체 능력을 가진 운동선수를 배출하고 있지만, 다른 한편에서는 아이들의 신체 능력이나 신체 감수성이 전체적으로 눈에 띄게 떨어지고 있다.

일본 미디어는 '다수파'의 뒤를 쫓으며 그 추세를 지켜보는 것을 주요 업무로 삼고 있기 때문에, 소수 개체의 행동 방식의 미세한 변화로부터 시작되는 사회의 지각 변동을 간과하기 쉽

---

* 일본 전통극의 하나로 노와 교겐의 총칭.

다. 그러나 사회의 지각변동은 실제로 일어나고 있다.

변동은 일단 '양극화'를 향한 사회의 흐름으로 나타난다.

제2차 세계대전 이후 반세기 넘도록 일본 사회는 '1억 총 중류'*를 자랑해왔다. '총 중류'라 해도 거기에는 '한없이 상류에 가까운 중상층'부터 '한없이 가난뱅이에 가까운 중하층'까지가 모조리 포함되어 있었다. 연수입이 5천만 엔이든 2백만 엔이든, 의식적으로는 '중류'로서 같은 사회계층에 소속감을 느꼈던 것이다.

이렇게 '중류'의 정의가 흐릿했던 이유는 최종적으로 '상류층'인지 '중류층'인지를 구분하는 지표가 '연수입'이었기 때문이다.

'연수입'은 그 정의상 해마다 바뀐다. 부귀영화를 누리며 들떠 있던 신사가 야반도주하여 손바닥만 한 방 한 칸에서 궁핍하게 사는 일은 드물지 않으며, 어제까지 편의점에서 일했던 아가씨가 하룻밤 사이에 아이돌 스타가 되는 경우도 가끔은 생긴다.

다시 말해 '연수입'으로 계층화되는 사회는 유동성이 높아

---

* 1970년대에 일본의 1억 인구 대부분이 스스로를 중류층이라고 생각했던 현상을 가리키는 말.

진다.

그런데 지금 사회는 유동성을 잃어버리고, 느리긴 해도 정체되기 시작했다.

사토 선생이 도쿄대에서 도드라지기 시작했다고 지적한 현상은 '문화자본의 차이'에 따른 '양극화'다.

'문화자본'이 만드는 경계선과 '연수입'이 만드는 경계선은 '벽'의 높이도 두께도 현격하게 다르다. 연수입은 본인의 노력으로 얼마든지 바뀔 수 있지만, 어린 시절부터 누려온 문화자본의 격차는 스무 살이 지나면 메우는 것이 절망적일 정도로 어렵기 때문이다. 하지만 그러한 '성인이 되고 나서는 따라잡기 불가능한 지표에 기반한 계층 차이'가 지금 생겨나고 있다 (『위대한 개츠비』의 제이 개츠비가 맞닥트린 '한계'다).

최근의 통계에 따르면 중학교 2학년의 평균 독서 시간은 하루 15분. 한편 텔레비전 시청과 콘솔 게임에 허비하는 시간은 2시간 40분이다.

집에서 공부하는 시간도 일본의 중고생은 (40퍼센트가 0시간이며) 세계 37개국 가운데 35위(1999년).

그런 아이들이 '대부분'인 한편, 그렇지 않은 극소수의 아이들도 있다. 교육사회학자 가리야 다케히코는 그 차이가 어머니의 학력과 관계있다고 말했다.

도쿄대 입학생에게서 보이는 아이의 '학력자본'과 부모의 학력 및 연수입의 상관관계가 무엇을 의미하는지 사람들은 아직 잘 모른다. 가장 심각한 결과는 부모가 고학력·고연봉이며 어린 시절부터 풍성한 문화자본을 누려온 '소수의 아이들'은 성장한 뒤에도 '회원제 폐쇄 집단'을 만들 것이라는 점이다('다른 사람들'과는 '공통된 화제가 없기 때문에' 어쩔 수 없다).

　요컨대 우리는 지금 '새로운 계층사회'의 출현을 앞두고 있다.

　그것은 현재 세상에 널리 퍼져 있는 '위너조' '루저조'라는 노골적인 구분이 아니라, '멍청이조' '똑똑이조'라는 더더욱 노골적인 구분('바보의 벽')에 의해 가로막힌 계층사회다.

문화자본이란 무엇인가

　'문화자본'이라는 개념을 써서 사회 이론을 구축한 사람은 프랑스의 사회학자 피에르 부르디외다.

　왜 프랑스어로 '문화자본'이라는 말이 사회 이론의 도구로서 유용했는가 하면, 거기에는 나름대로 역사적 사정이 있다.

　바로 프랑스가 '계층사회'이기 때문이다.

　'계층couche'과 '계급classe'은 비슷해 보이지만 미묘하게 다르다.

　'계급'은 마르크스주의의 개념이며 '계급의식'의 주체적 획득과 함께 역사적으로 등장했다. 주체의 적극적인 참여가 없으면 '계급'도 존재하지 않는다.

　'계급'은 '나는 계급사회에서 살아가고 있고, 내 사고방식이나 세상을 느끼는 방식, 행동방식은 계급적으로 규정된다'는 사실을 '알아차린' 사람의 눈에만 보이며, 그런 식으로 생각하지 않는 사람의 눈에는 안 보인다. 그저 '가난뱅이'이기만 하면 '프롤레타리아적인 계급의식'을 가질 수 있는 게 아니다.

그래서 사회 최하층인 데다 실제로 혹독하게 수탈당하면서도 나폴레옹 3세의 부르주아 독제를 열광적으로 지지했던 빈민들은 '룸펜 프롤레타리아트'라 불리며 마르크스의 욕설을 얻어먹은 것이다.

'계급'이란 '계급적 자각에 눈뜬 자'가 주체적으로 구축해나가는 것이다.

반면 '계층'은 본인이 어떻게 생각하든 본인의 자기 결정이나 노력과는 관계없이, 리얼하고도 쿨하게 '벌써, 이미, 거기에' 존재한다.

한 인간이 어떤 '계층'에 속할지는 본인이 결정할 수 없다. 정신을 차리고 보니 '거기에 속해 있는 것', 개인적인 노력으로는 웬만하면 '거기서 빠져나올 수 없는 것'이 '계층'이다.

프랑스는 '계급'사회가 아니라 '계층'사회다. 그리고 계층과 계층 사이에는 뛰어넘을 수 없는 '벽'이 있다. 그 '벽'은 사회적 지위나 자산, 권력, 정보, 학력 등 다양한 요소로 구성되어 있으며, 한 계층에 속한 사람과 다른 계층에 속한 사람을 결정적으로 구분하는 것은 '문화자본capital culturel'의 격차다.

'문화자본'에는 '가정'에서 얻은 취미, 교양, 예의범절과 '학교'에서 학습하여 얻은 지식, 기능, 감성의 두 종류가 있다.

집 서재에 있던 책 만 권을 독파했다거나, 매주 가족끼리 현악 4중주를 즐겨서 절대음감을 갖게 되었다거나, 툭하면 집에 외국 친구가 와서 영어 프랑스어 중국어 스와힐리어 등을 어린 시절부터 듣고 익혔다거나, 대대로 전해 내려오는 무술을 배워서 10대 때 달인이 되었다거나, 집 화랑에서 세잔이나 이케노 다이가*의 그림을 늘 보며 자라서 '만사에 대한 감식안'이 생겼다거나…… 등은 전자다.

이는 정신을 차리고 보니 '몸에 익어 있었다'라는 점에서 '신체화된 문화자본'이라 불린다.

물론 문화자본은 다 큰 뒤의 후천적 노력으로도 획득할 수 있다.

학력, 자격, 인맥, 신용 등이 이에 해당한다. 이들은 '제도화된 문화자본'이라 불린다. '신체화되어 있다'라고까지는 할 수

---

* 에도 시대의 문인화가.

없지만, 형태가 없고 '운반 가능한' 것이므로 불이 나도 타버리지 않고 쓰나미가 몰려와도 가라앉지 않는다.

비교해보면 금방 알 수 있듯, '가정에서 자연스레 익힌 문화자본'과 '학교에서 노력으로 익힌 문화자본'은 모습이 완전히 다르다.

그렇지 않다, 예술작품을 감상하는 능력 같은 건 '교양 있는 가정에서 매우 이른 시기부터 정통적인 문화를 접할 기회를 얻은' 경우든 성장한 뒤 학교 교육으로 배운 경우든 '좋은 것은 좋은 것'이라고 보는 판단에 차이가 날 리 없다, 라고 말씀하시는 분이 있을지도 모른다.

하지만 유감스럽게도 각 예술작품의 '좋고 나쁨'에 대한 판단에는 별다른 차이가 없을지언정, 예술작품을 '즐길' 때의 태도에는 명확한 차이가 생긴다.

자라난 환경 속에서 자연스레 예술을 감상하는 눈을 기른 사람은 '여유'가 있다. '감상이라고 의식하지 못하는 사이에 이른 시기부터 시작되며, 아주 어릴 때부터 가정에서 이루어지는 체험적 습득'을 통해 예술 감상 능력을 익힌 사람과 '늦게 시작되며 계통적이고 가속된 습득 형태'를 통해 같은 능력을 익힌 사람은 작품을 앞뒀을 때의 '여유'에서 차이가 생긴다.

부르디외는 다소 심술궂은 필치로 이렇게 썼다.

"이 첫 번째 습득 형태는 문화적 정통성을 손에 넣었다는 확

신에 따른 자신감, 우수성과 동일시되는 여유를 안겨준다. 그
리고 (상대적인) 무지 상태에 안주하는 여유, 오래된 가문의 부
르주아가 문화에 대해 품는 깊은 친밀함(이는 그들이 가문의 정
통 상속자라는 이유로 도맡아 관리하는 가족 재산 같은 것이다)에
깃든 편안함으로 완성된다."(피에르 부르디외 『구별짓기La Distinc-
tion 1』)

'가정'에서 습득한 문화자본과 '학교'에서 습득한 문화자본
의 차이는 이 '여유' 혹은 '편안함' 속에 있다. 그리고 그 '여유'
는 무엇보다도 먼저 '무방비'라는 형태를 띤다.

예술작품을 앞두고 '멍'하게 있을 수 있는 태도, 이 여유가
'좋은 가정에서 자랐다'는 각인이다.

'학력에 의한 문화귀족'이 결코 입에 담을 수 없는 것은 "모
른다"는 말이다. "모른다"라는 고백이 그 사람이 '원래 속한 계
층'을 폭로할까 봐 두렵기 때문이다.

한편 가정에서 문화자본을 신체화한 '혈통에 의한 문화귀
족'은 태연하게 "모른다"고 말할 수 있다. 왜냐하면 그 사람
에게 예술작품을 감상하는 눈은 한 번도 노력해서 '얻어야 할
것'으로 인식된 적이 없기 때문이다. 그에게 예술작품은 '좋은
지' '싫은지', '갖고 싶은지' '갖기 싫은지'라는 피부 감각 수준
에서 즐기는 것이다. 그러므로 어떤 처음 보는 작품에 대해 누

군가 인상을 물어봐도, 연대나 유파나 기법이나 시장 가치에 대한 '일반적인 지식'을 참조하지 않고서 감각을 근거로 그 '좋고 나쁨'에 대해 "아, 이건 좋은데"라든지 "이런 건 필요 없어"라고 단정적으로 말할 수 있다.

부르디외의 탁월한 비유를 빌려 말하자면 "혈통에 의한 문화귀족"은 자신이 본 영화에 나온 배우의 극 중 이름을 기억하는 반면, "학교에 의한 문화귀족"은 자신이 본 적 없는 영화의 감독 이름을 기억한다. 전자는 '경험'을 소중히 여기고 후자는 '지식'을 '경험'보다 우선한다. "작품 자체를 소홀히 보더라도 작품에 대해 말하기를 우선하며, 감각을 희생하더라도 훈련을 중시하는" 것, 그것이 '학교에 의한 문화귀족'의 '본색'이다.

와인 맛에 대해 말할 때도 같은 차이가 생긴다. 어떤 사람은 어느 와인에 대해서든 그것을 전에 마셨을 때 같이 먹었던 요리의 맛이나 함께 했던 사람과 나눈 이야기, 식기가 맞닿던 소리, 연주되던 음악, 입었던 옷의 감촉에 대한 기억을 생생하게 떠올릴 수 있다. 반면 어떤 사람은 '와인 책'을 읽고 "어디 샤토의 몇 년산은 일품"이라는 식의 '지식'을 빠짐없이 늘어놓을 수 있다. 여기서 드러나는 것은 와인에 대한 '깊은 친밀함'의 차이다.

반복해서 말하건대 친밀함의 깊이나 즐기는 자세의 차이는 판정의 옳고 그름과는 관계없다. 숙시熟視와 감각을 바탕으로

'경험'을 이야기하는 사람이 자기 훈련을 통해 얻은 '지식'을 이야기하는 사람보다 언제나 옳은 판정을 내리는 것은 아니다. 하지만 '지식'을 이야기하는 사람이 '경험'을 이야기하는 사람에게 언제나 '주눅'이 드는 것은 사실이다. 그런 부분을 의도하지 않고 자연스럽게 행동하는 사람에게 '기가 죽는' 것, 자신의 감각이나 판단에 망설임을 느끼는 것, 자신이 어딘가 '있어서는 안 될 장소에 발을 들여놓은' 듯한 타향감을 맛보는 것, 문화자본의 차이는 이 미묘한 '장소에 어울리지 않는 느낌' 속에 깃들어 있다.

'문화자본'이라는 개념은 프랑스라는 특이한 계층사회 고유의 차별화 메커니즘을 설명하기 위한 조작 개념이었던 탓에, '1억 총 중류사회'인 일본에서는 그다지 정착하지 않았다(는 느낌이 든다). 일본 같은 '1억 총 중류사회'와 프랑스 같은 확연한 '계층사회'는 양상이 매우 다르기 때문이다.

문화자본 격차에 관한 가장 알기 쉬운 예는 문맹률이다. 미디어에서는 거의 보도하지 않아서 아시는 분이 적겠지만, 프랑스는 선진국 가운데 예외적으로 문맹률이 높다. 몇 년 전 〈피가로〉의 기사에 따르면 프랑스 초등학교 6학년의 35퍼센트가 "속독으로는 문장의 뜻을 파악하지 못한다"고 했다. 즉 교과서를 음독할 수는 있지만 선생님이 "지금 읽은 부분에 뭐라고 적혀 있었어?"라고 물어보면 대답하지 못한다. 그런 나라이기 때문에 "커뮤니케이션은 '회화'다. 문자 따위 못 읽어도 괜찮다"라는 몹시 비뚤어진 언어관을 말하는 사람이 많은데, 이는 또 다른 이야기다.

반면 적어도 1980년대까지 프랑스는 세계에서 으뜸가는 '문화적 정보 발신국'이기도 했다.

실존주의(카뮈, 사르트르), 구조인류학(레비스트로스), 계보학(푸코), 사회사·심성사(아날학파), 이데올로기 비판(알튀세르), 기호론(바르트), 포스트모더니즘(리오타르, 들뢰즈), 탈구조주의(데리다), 정신분석(라캉), 타자론(레비나스)…… 등 오늘날 영미 대학에서 교과서적으로 가르치는 인문·사회과학계의 이론은 대부분 프랑스산이다(물론 부르디외의 이 문화자본론도 그런 프랑스산 작물 가운데 하나다).

한편에서는 전 세계로 문화적 생산물을 보낼 수 있는 사회계층이 존재하는 반면, 다른 한편에서는 문자를 못 읽는 사회계층이 존재한다. 이 양극화가 계층사회의 특징이다.

계층사회에서는 각 계층이 '따로따로' 살기 때문에 주거지도 출입하는 장소도 먹는 것도 입는 옷도 사귀는 사람도 화젯거리도 교차하는 법이 없다.

가령 파리의 변두리에는 '교외banlieue'라고 불리는 거대한 지역이 펼쳐져 있다. 마티외 카소비츠의 영화 〈증오la haine〉(1995)의 무대가 된 거대 콘크리트 단지(H.L.M = 값싼 임대 아파트)가 그것이다.

예전에 만난 어느 프랑스인 여성은 〈증오〉가 촬영된 바로 그 단지의 중학교 선생님이었는데, 그녀가 말하기로 파리의 '교외'는 이 '예술의 수도'에서 거리는 고작 십수 킬로미터지만 문화적으로는 거대한 '벽'으로 가로막혀 동떨어져 있다고 한다. 영화가 생생하게 그려냈듯 '교외'에는 문화적인 요소가 거의 아무것도 없다. 서점도 영화관도 도서관도 미술관도 콘서트홀도…… 주민들 주변에는 문화적 자원을 제공하는 장소가 대체로 없다. 따라서 '교외'에서 태어난 아이는 설령 제아무리 우수한 지성이나 감수성을 잠재적으로 지니고 있더라도 고전을 즐기거나 뛰어난 예술작품을 접할 기회 자체를 구조적으로 박탈당한다. 문화자본의 많고 적음에 따라 계층화된 프랑스 같은 사회에서 이 핸디캡은 거의 치명적이다.

계층사회란 그런 것이다.

나는 딱히 "그건 나쁘다"고 말하는 게 아니다. 프랑스가 그런 사회가 된 데는 나름대로의 이유가 있다. 그렇게 되기까지의 다양한 역사적 요인과 '전사前史'가 있다. 적어도 계층사회를 어떻게 생산적으로 굴리고 국민의 이익과 행복을 어떻게 증대할지에 대해, 프랑스인은 과거 두 세기 동안 꽤나 노력해왔다고 생각한다(아마도). 그러므로 바다 건너편에서 팔짱을 끼고 프랑스인을 비판하는 행동은 자제하고 싶다.

하지만 나는 일본이 '프랑스 같은 계층사회가 되는 것'에 동의할 수 없다.

일본은 메이지 이후 150년 동안 그다지 계층적인 사회가 아니었다. 오히려 세계에서도 예외적으로 균질한 사회를 이루어냈다. 그러나 '지나치게 균질한' 사회는 '지나치게 계층적인' 사회와 마찬가지로 어딘가에 제도 피로가 쌓인다. 우리 사회가 지금 서서히 프랑스 같은 계층사회를 향해가는 이유는 아마도 일종의 역사적인 '보정' 작용이 일어나고 있기 때문일 것이다.

일본이 계층사회가 됨으로써 균질사회 고유의 몇몇 문제점은 해결될 수도 있다. 가령 '나쁜 평등주의'에 따라 '튀어나온 못은 때리는' 방식으로 돌출한 사람을 억누르는 교육 방식이 개선되고, 연공서열·종신고용으로 인해 제도 피로가 쌓인 조직은 활기를 되찾을 가능성이 있다.

하지만 그럼에도 여전히 나는 일본 사회가 문화자본의 차이에 따라 계층화되는 데 반대한다. 문화자본의 차이로 계층이 나뉘는 사회는 유동성이 낮은 사회이기 때문이다. 그리고 유동성이 낮은 사회는 내게 별로 살기 좋은 곳으로 보이지 않는다.

왜 그런가.

다소 멀리 돌아가는 것처럼 보일 수 있으나, 일단 '자본'이라는 개념의 점검부터 시작해보자.

경제학에서 가르치는 '자본'의 정의는 '이윤을 낳는 것'이다. 따라서 '화폐'는 그것만으로는 '자본'이 아니다.

생각해보면 당연한 일이지만, 쌓아둔 화폐는 어떤 이윤도 낳지 않는다. 화폐는 '운용'되지 않으면 자본이 되지 않는다.

산업자본주의 시대에서는 자본가가 화폐로 생산수단을 손에 넣어 노동력의 가치와 노동 생산물의 가치 사이의 차이(잉여가치)를 이윤으로 얻는다.

포스트 산업자본주의 시대에서는 끊임없는 신기술이나 신제품 개발로 미래의 가격 체계를 선취한 혁신적인 기업이 그것과 현재의 시장에 형성되어 있는 가격 체계와의 차이를 매개로 이윤을 계속 만들어낸다(이와이 가츠히토『베니스의 상인의 자본론』).

요컨대 어딘가에서 '차이'를 만들어내어 그것을 매개로 '교환'이 이루어지는 한, 어떤 차이든 차이이기만 하면 '자본'은 움직인다.

대개 우리는 '자본'이라 하면 '제조 기계'나 '첨단 테크놀로지' 같은 것을 떠올린다.

확실히 그런 것을 누군가가 점유하고 있으면 그것은 이윤을 낳는다.

하지만 기계는 망가지고 불이 나면 타버리며 지진이 나면 지면과 함께 땅속으로 사라지고 내전이 일어나면 버리고 도망가야 한다. 첨단 테크놀로지가 '첨단적'일 수 있는 시간은 별로 길지 않다. 머지않아 누군가가 '더욱 첨단의' 테크놀로지를 개발할 테니까.

비즈니스모델도 사정은 마찬가지다. 현행 비즈니스모델의 결함을 발견한 눈썰미 좋은 경영자가 새로운 비즈니스모델을 만들어낸다. 그런데 성공한 비즈니스모델을 만들어낸 경영자 대부분은 그 모델의 '유효 수명'을 과대평가한다. 성공이 화려하면 화려할수록, 그 모델의 결함을 발견하고 그것을 폐기하며 시장에서 철수하기가 어렵다. 그리하여 막대한 부를 낳은 비즈니스모델은 어느 날 믿을 수 없을 정도로 깨끗이 붕괴된다.

경제자본은 어떤 형태를 띠고 있든 '변천'하기 쉽다. 오히려 경제자본은 그 '변천하기 쉬운 특성' 때문에 차이를 낳고 교환에 박차를 가한다.

하지만 문화자본은 그렇지 않다.
문화자본은 보다 제한된 사회집단에 배타적으로 축적되는 성질을 가진다.
문화자본은 앞서 말했듯 '정신을 차리고 보니 이미 습득되어 있는' 것이라서, '정신을 차리고 보니 습득이 안 되어 있는' 사람은 이미 대체로 회복이 어려울 정도로 뒤처져 있다. 왜냐하면 예술 감식안이든 미식 생활이든 예의범절이든, 그런 것을 습득하려는 욕망을 가진다는 것은 이미 '문화자본을 신체화한 사람'과 그렇지 않은 사람 사이에 확연한 사회적 차이가 벌어져 있는 사태의 효과이기 때문이다.

그렇지요?

'문화자본을 신체화한 사람'이 그로 인해 어떤 '이익'을 얻는 장면(4개 국어에 능통해서 사장의 해외 출장에 언제나 동행한다거나, 파티에서 가볍게 라흐마니노프를 연주했더니 여자들의 인기를 한 몸에 얻었다거나)을 보고 '우와, 좋겠다'라고 생각하는 일이 없다면 문화자본에 대한 욕구 자체가 발생할 리 없기 때문이다.

요컨대 '이미 뒤처져 있다' '이미 차이가 벌어져 있다'는 느낌을 받는 사람만이 문화자본을 욕망한다. 그리고 그런 욕망을 동기로 삼은 '벼락 문화귀족'들은 벼락이면 벼락일수록 '타고난 문화귀족'에 대해 '손을 뻗어도 닿지 않는 느낌'을 통감하게 된다.

그것은 문화자본의 획득을 목표로 한 동기 자체의 '불순함'이 끝없이 따라다니기 때문이다.

이를테면 자신의 아이를 '타고난 문화귀족'으로 만들기 위해 필사적으로 영재 교육을 시키려는 사람들은 노골적으로 '궁상맞다'. 아이를 국제학교에 보내서 이중언어자로 키우려 하거나 분 단위로 쪼개진 스케줄로 발레나 일본 무용이나 피아노나 무술을 가르치는 부모들은 '문화자본을 돈으로 산다'는 발상 자체가 바로 그 자식들이 문화자본을 신체화하는 것을 방해한다는 사실을 깨닫지 못한다.

그런 행동을 하는 부모들의 눈에 문화자본은 새로운 종류의 '화폐'로 보인다. 그들은 단순히 '오래된 화폐(돈)'로 '새로운 화폐(문화자본)'를 사려 할 뿐이다.

그러나 부르디외가 냉소적으로 지적했듯 문화자본의 역설은 '그것을 습득하려고' 발상하는 일 자체, 즉 문화자본을 손에 넣어서 사회계층을 상승시키려는 동기 부여 자체가 그들이 접하는 모든 대상을 '비문화적인 것'으로 변질시킨다는 데 있다. 문화자본의 편재로 인해 계층화된 사회에서는 '문화자본을 획득하기 위해 노력하는' 몸짓 자체가 '문화적 귀족'으로 향하는 문을 닫는다.

잔혹한 이야기다.

'노력하면 진다'는 것이 이 게임의 규칙이니까.

'노력하지 않은 채 처음부터 이기고 있는 사람이 〈독식〉한다'는 것이 문화자본주의 사회의 원리다.

잔혹한 이야기라고 나도 생각한다.

하지만 일본은 확실히 그리 되고 있다.

그런데 문화자본주의 사회에도 단 하나의 구원이 있다.

바로 이 사회에서 '사회적 약자'는 자신이 '사회적 약자'인 이유를 주로 '돈이 없는' 탓으로 돌리면서, '교양이 없는' 탓에 그리 되었다는 사실을 깨닫지 못한 채 지낼 수 있다는 것이다 (교양이 없으니까).

'1억 총 프티 문화자본가' 전략

홈페이지 일기에 문화자본 문제에 대해 썼더니 여기저기서 질문과 의견이 날아들었다.

그 가운데 대표적인 질문과 나의 답변을 여기에 다시 실어보겠다.

또한 질문하신 분의 프라이버시를 고려하여 여기서는 이름을 구태여 가리고 'K연회鍊會의 K노 군'이라고만 표시하려 한다.

1월 21일의 웹사이트 일기를 보고 좀 여쭙고 싶은 부분이 생겨서 메일을 드립니다.

사실 저는 몇 년이나 전부터 조금 더 교양을 익히고 싶다고 생각해서 그런 지침 아래 매일 행동했습니다만, 21일의 일기를 보고 '과연 그것도 그렇다'라는 생각과 함께 '교양 있는 계층으로 들어가기 위해 노력했던 건 전부 헛짓이었나?!'라고 깨닫고는 어쩌면 좋을지 모르게 되었습니다.

7일의 웹사이트 일기에는 "예술 작품에 대한 감식안을 갖추었다든지, 뉴욕과 파리에 별장이 있다든지, 몇 개 국어를 읽을 수 있다든지, 노가쿠를 즐긴다든지, 무술의 달인이라든지…… 그런 풍성한 문화자본을 윤택하게 누려온 학생"과 "좋은 성적 말고는 이렇다 할 재주가 없는 대다수의 학생"이라고 분류되어 있었는데, 전자의 어느 것에도 해당하지 않으니 아무래도 나는 후자인 모양이다……라고 생각했던 만큼 충격이었습니다.

예전에도 외국 학생이나 위인들의 어린 시절과 저 자신을 비교해보고 흠, 나는 교양이 없는 데다 교양이 길러지는 환경 속에 있지도 않구나……라고 어렴풋이 느꼈기 때문에 교양(=문화자본?)이 부족하다는 점은 확실합니다만, 대체 어떻게 하면 좋을까요?

일기에는 '교양이 없으면 애초에 그것으로 자신의 계층이 정해져 있다는 사실을 알아차리지 못하니까 괜찮다'라고 쓰여 있었습니다만, '교양이 없다는 것을 알아차린 사람은 어떻게 하면 좋을지'에 대해서는 쓰여 있지 않았으므로 이 점에 대해 부디 한 말씀 부탁드립니다.

다음은 이에 대한 나의 답신이다.

K노 님

메일 감사합니다. 질문하신 건에 대해 답변드리겠습니다.

애초에 '문화자본'이라는 조작 개념을 써서 이 문제를 논하는 이들은 모두 '계층사회'의 거북함을 알아차리고 그 거북함의 원인을 연구하기 시작한 사람들입니다.

그렇지요?

'문화자본을 윤택하게 누리는 사람'은 '문화자본'이라는 개념을 써서 자신의 모습을 설명하는 법이 없습니다(이는 '부자'의 정의가 '돈에 대해 생각하지 않아도 되는 사람'인 것과 마찬가지입니다).

반대로 '문화자본이 완전히 결핍된 사람'은 "'문화자본'이 뭐야? 그거, 먹을 수 있어?"라는 식의 반응밖에 보이지 않으므로, 그들에게도 '문화자본'이 주제가 되는 경우는 없습니다.

즉 문화자본을 운운하는 이는 '아, 그렇구나. 내가 이 사회에서 〈받아들여지지 못하는 장소〉가 있다고 어렴풋이 느끼는 이유는 문화자본이 없는 탓이구나'라는 자기 인식에 도달한 사람뿐입니다.

부르주아지와 프롤레타리아트의 중간에 '프티petit 부르주아'라는 계급이 있습니다만, 이와 마찬가지로 '문화자본의 사회적 기능'에 대해 이모저모 생각하는 사람은 (부르디외도 저도) '프티 문화자본가'라고 규정하는 것이 좋을 듯합니다.

K노 님 역시 '나한테는 문화자본이 부족한 게 아닐까……'라는 회의감에 사로잡힌 시점에서 이미 '프티 문화자본가'의 한패가 된 것입니다.

저의 장기적인 전략은 (아마 부르디외의 목적도 이것이었다고 생각합니다만) 문화자본론을 펴나감으로써 '문화자본에 대한 접근 조건 완화' '문화자본 획득을 뒷받침할 충실한 사회적 지원'을 요구하는 목소리를 드높여서, 결과적으로 '문화적 1억 총 중류화'를 완수하는 것입니다.

'1억 총 프티 문화자본가'

저는 이것이야말로 실상 한 나라의 문화적 성숙을 위한 가장 뛰어나고 적절한 전략이라 믿습니다.

문화자본의 편재로 인한 사회 계층화를 어떻게든 막고 싶다는 것이 저의 바람이며, 모쪼록 그 작은 뜻을 이해해주십사 K노 님께도 협력을 부탁드립니다.

이렇게 답장을 쓰고 나서 잠깐 생각에 잠겼다.

분명 나는 문화자본의 편재로 계층사회가 나타나는 현상을 어떻게든 막고 싶다고 늘 생각한다.

하지만 이 '1억 총 프티 문화자본가' 전략은 그 태평한 어감과는 달리 상당히 곤란한 정치적 과제로도 보인다. 이 부분을 조금 설명해보겠다.

나는 내 소년기, 청년기를 모조리 함께 보낸 일본의 '1억 총 중류시대'가 사회의 모습으로서는 꽤 마음에 들었다. 기회의 평등이 나름대로 확보되어서 위로 올라갈 마음이 있는 사람은 마음껏 올라가고, 별로 없는 사람은 그럭저럭 사는 식으로 느슨하게 사회가 계층화되어 저마다의 개인적인 노력과 성취가 비례하는 사회. 뭔가 단순하지만 나는 그런 곳이 결국은 '살기 편한 사회'라고 생각했다.

하지만 지금의 일본 사회는 그렇지 않은 방향으로 우르르 몰려가고 있다.

'노력하지 않아도 처음부터 이기고 있는 사람이 〈독식〉한 다'는 규칙은 반드시 도덕적 해이로 귀결된다.

내가 여기서 '도덕적 해이'라는 강한 단어를 쓴 이유는 문화 자본주의 사회는 그저 유동성을 잃고 정체된 사회가 되는 것에 그치지 않기 때문이다. 나는 더욱 나쁜 상태를 염두에 두고 있다.

이 세상에서 가장 감당하기 힘든 것은 '상승 지향이 있지만 그 욕망이 채워지지 않는 사람'이다.

문화자본주의는 그런 사람들을 조직적으로 만들어낸다.

왜냐하면 앞서 썼듯 문화자본주의 사회는 '문화자본을 욕망하는' 일 자체가 그 사람이 '타고난 문화적 귀족'이 아니라는 사실을 폭로하고, '문화자본을 획득하기 위해 노력하는' 몸짓 자체가 '문화적 상승'을 향한 문을 닫아버리는 구조를 띠고 있기 때문이다.

문화자본을 획득하여 사회적 상승을 이루기를 열망하는 사람이 제아무리 금욕적인 노력으로 교양이나 예의범절을 익혀봤자, '노력해서 익혔다'는 점에서 그 문화자본에는 처음부터 '2류'라는 꼬리표가 붙고 만다.

이는 부조리하리만치 굴욕적인 경험이다.

그런 굴욕을 계속 맛봐온 사람은 어떤 식으로 그 불만을 해소할까. 이를 상상하기란 별로 어렵지 않다.

그들은 문화자본을 획득하기 위해 노력하지 않은 사람, 혹은 노력했지만 자기네만큼은 획득하지 못한 사람들을 철저하게 '깔봄'으로써 그 굴욕을 해소하려 할 것이다.

'타고난 귀족'은 '서민'을 깔보지 않는다(애초에 안중에 없으니까).

그러나 '벼락 귀족'은 '자기보다 아래쪽에 있는 사람'을 찾는 데 열중한다. '벼락같이 귀족이 되기를 간절히 바라면서 그것을 달성하지 못한 사람들'이야말로 그들의 '부끄러운 자화상'이기 때문이다. 시선을 돌리고 싶은 바로 그 대상이기 때문이다.

그러므로 '벼락 문화귀족'은 반드시 부지런한 차별주의자가 된다. 온갖 영역에서 온갖 주제에 대해 아무래도 좋은 사소한 차이를 발견하고 아무래도 좋은 뉘앙스의 차이를 열거하며 '문화자본을 그럭저럭 가진 자'와 '문화자본을 별로 가지지 못한 자' 사이에 '뛰어넘기 힘든 경계선'을 긋고 싶어 하게 된다.

　하지만 이야기를 더욱 까다롭게 만드는 것은, '그럭저럭'과 '별로'의 차이처럼 아무래도 좋은 사소한 격차에 몹시 소란을 떨면서 그 차별화에 열중할 수 있는 능력이야말로 프티 부르주아의 활력의 샘이라는 점이다.

　플로베르가 『보바리 부인』에서 생생하게 그려내었듯, 근대의 프티 부르주아는 그들에게 충분한 자산이나 교양이 없기 때문에 '추악한' 것이 아니다. 그들의 추악함은 그 '불충분함'을 과도하게 의식한 나머지 그것을 부끄러워하고 은폐하려 하며, 동시에 자기보다 더 추악한 프티 부르주아를 찾아내어 자신의 우위를 뽐내며 상대방을 비웃는 데 열중하는 모습 속에 있다.

　일찍이 니체는 이러한 '열등한 자에 대한 혐오감'을 '거리의 파토스'라고 불렀다.

　'거리의 파토스Pathos der Distanz'란 '이 녀석들과만은 같은 취급 받기 싫다'는 격렬한 혐오감이 인간에게 향상심을 불러일으킨다는 사고방식이다. 니체가 이때 염두에 둔 것은 '아리아인'과 '유대인'이라는 인종 간의 격차였다. '비웃어야 할 원숭이'에 지나지 않는 열등한 자의 집단을 조소하고 매도하고 차별하고 박해함으로써 인간은 인격 향상을 완수하여 '초인'이 되리라는 니체의 전략은 어떤 면에서는 20세기 '대중사회'의 역학을 선취했다. 유감스럽게도 '초인'은 태어나지 않았지만 '거리의 파토스'가 자본주의의 번창에 이바지한 것은 틀림없다.

프티 부르주아는 본질적으로 중간적 존재다. 그들은 부르주아지도 아니고 프롤레타리아트도 아니다. 이 두 계급 '사이'라는 공중에 매달린 상태다. 「거미줄」*에서 극락에 가려고 하는 간다타처럼, 프티 부르주아는 중간 상태라는 점에서 운동성과 개방성을 뜻한다. 이와 동시에 '자기보다 아래'에 있는 사람들을 걷어차고 배제함으로써 상대적 우위를 고정적으로 확보하기를 바란다는 점에서는 정체停滯성과 폐쇄성을 드러내기도 한다.

---

* 아쿠타가와 류노스케의 단편소설. 지옥에 떨어진 간다타가 부처님이 보내준 거미줄을 잡고 극락으로 올라가던 중 자기 아래에 매달린 죄인들에게 내려가라고 소리를 지르자 거미줄이 끊어져버린다는 내용.

동시에 운동이자 정체이며 개방이자 배제인 양의적 존재자, 그것이 '프티 부르주아'다.

문화자본주의 사회의 프티 문화자본가들 역시 이와 같은 모순과 양의성을 품고 있다.

프티 문화자본가들은 문화자본 획득에 따른 사회적 상승(그로 인한 사회의 유동화와 다양화)을 노리는 한 바람직한 존재로 보인다. 하지만 그 운동성을 담보하는 지배적인 감정이 '초조함'이나 '허기'나 '질투'나 '경멸'이고, 온갖 곳에서 차별화 지표를 찾아다니며 자신의 상대적 우위에 배타적으로 매달리려 하는 한 그들은 꺼림칙한 존재다.

그러나 이런 양의적 사회집단이 존재하지 않으면 문화가 '자본'이 되는 일 자체가 불가능하다.

'타고난 문화적 귀족'의 우위성은 그것을 '질시하는' 사람이 끼어듦으로써 비로소 성립한다.

"이 와인은 저거보다 맛있네" "정말이네"라는 이야기를 나누는 것만으로는 문화가 되지 않는다.

"이 와인은 저거보다 맛있네" "오오, 당신은 같은 샤토에서 난 1989년산과 1990년산의 맛 차이를 식별할 수 있나 보군요. 아, 과연 좋은 집안 출신!"이라는 식의 '반응'을 보이는 사람이 있어야 비로소 '저것보다 이것이 맛있다'라고 식별할 수 있는 능력이 문화자본으로 인정된다.

문화자본은 실정實定적으로 존재하는 '물건'이 아니다. '프티 문화자본가'들의 질투와 선망이 뒤섞인 "오오!"라는 '쓸데없는 감탄'이 문화자본의 존재를 뒷받침한다. 문화자본은 그것을 주제로 삼는 사회계층(첫머리에서 썼듯 이것이 '프티 문화자본가'의 정의다)이 있어야 비로소 존재한다.

부르디외는 '본 영화에 나온 배우의 극 중 이름을 기억하는' 사람이 '타고난 문화귀족'이고 '보지 않은 영화의 감독 이름을 아는' 사람이 '학교에 의한 문화귀족'이라는 냉소적인 정의를 내렸지만, 잘 생각해보면 그런 즐기는 자세의 차이를 깨닫고 그것을 새삼스럽게 열거할 수 있는 사람은 (극 중 이름과 배우 이름, 감독 이름까지 모조리 아는) '학교에 의한 문화귀족'뿐이다.

요컨대 '타고난 문화귀족'이라는 사회계층 자체가 '학교에 의한 문화귀족'이 만들어낸 '환상'이다. 프티 문화자본가는 "오른손으로 문화자본을 만들어내고 왼손으로 그것에게 절을 하는 것이다".

이렇게 K노 님에게 보낸 답장에 글을 덧붙이게 되었는데, 그는 '교양이 없다는 사실을 알아차린 사람은 어떻게 하면 좋은가?'라고 질문했다.

다시 한 번 내 대답을 말씀드리자면 다음과 같다.

K노 님, 역설적인 말이지만 '교양이 없다는 사실을 알아차린

사람'만이 '교양'을 문화적 가치로 만들어내는 주체가 될 수 있습니다.

'교양'은 실체로서 어딘가에 존재하는 것이 아닙니다. '교양'이 없는 탓에 '받아들여지지 못하는 장소'가 있다고 어렴풋이 느끼는 것은 당신의 '망상'일 뿐입니다. 하지만 그 '어디에도 없는 것' '형태 없는 것'을 찾아서 손에 넣고자 하는 부조리한 욕망이 아마도 '문명'을 만들어온 거겠지요.

'프티 문화자본가'라는 애매모호한 중간 상태는 결코 나쁜 것이 아닙니다. 그것이야말로 문화 생성의 장 그 자체니까요.

문화자본의 역설

문화자본에 대해 그 뒤로도 젊은이들로부터 다양한 메시지를 받았다.

대체로 어느 분이나 같은 의견이었는데 '문화자본의 편재로 인한 계층사회'의 도래는 바람직하지 않다, 개인의 노력이 그대로 사회적 평가로 이어지는 '민주적인 사회'가 바람직하다, 라는 말씀이었다.

물론 그것으로 좋으리라.

그런 메시지를 보낸 사람은 모두 '교양'이든 '학력'이든 '인맥'이든 상당히 풍부하게 지니고 있는 젊은이들이다.

보시는 대로 문화자본의 우위에 있으면서도(혹은 있기 때문에) 문화자본에 의한 사회 계층화에 반대한다는 데 '문화자본의 역설'이 존재한다.

이는 미인이 "예쁜 얼굴만으로 나를 판단하지 말아줘"라고 바라거나 대부호가 "돈을 노리고 내 주위에 몰려드는 인간을 보면 구역질이 나"라고 푸념하는 것과 구조적으로 비슷하다.

문화자본을 윤택하게 누리는 사람에게는 그것을 점유하여 그 많고 적음에 따라 사회를 계층화하고, 그것을 가지지 않은 이를 깔보는 일이 구조적으로 금지된다(그런 '야비한 짓'을 하고 싶어도 '교양이 방해하기' 때문이다).

문화자본은 그런 면에서는 양의적이다.

나는 '사회 상류층으로 뛰어오르기 위한 도구로서 교양을 익히는' 행동은 이미 '비문화적'이라고 썼다.

이런 생각을 하는 사람은 처음부터 교양을 '도구'로만 취급한다.

그 사람이 바라는 것은 '경제자본'이나 '권력'이나 '정보'처럼 전반적으로 세계 내부에서 이미 '가격표가 붙어 있는' 것이며, 문화자본은 그에 도달하기 위한 기술적인 우회로에 지나지 않는다.

그런 사람은 딱히 문화적인 것 자체에 애정도 경의도 품고 있지 않다.

하지만 그렇게 문화자본을 '발판'으로 이용하려 하는 자는 결코 문화적 보물을 참되게 즐기지 못할 것이며, 문화자본을 신체화한 사람만이 내뿜을 수 있는 '기운'을 풍기지도 않을 것이다.

그런 사람에게는 결국 '물욕의 냄새'밖에 나지 않기 때문이다.

따라서 '문화자본의 편재로 인해 계층화되는 사회'는 그 자체로 역설이다.

그렇지 않은가.

'문화자본의 편재로 인해 계층화되는 사회'가 나타났다면 그것은 요컨대 '출세주의자'들이 들끓는 사회다.

그런데 '권력, 재화, 정보로 몰리는 망자들'만큼이나 '문화'와 인연이 먼 존재는 없다.

그 사회에서 '문화'라고 불리며 유통되는 재화는 이미 본래의 정의로 '문화적'이라고 부르기 힘든 것이 될 수밖에 없다.

반복해서 말씀드리건대 나는 사회가 계층화되는 것을 바라지 않는다.

권력도 재화도 명예도 지위도 정보도 딱히 원하지 않는다.

하지만 이는 어디까지나 내 개인적인 사정이며 여러분께 강요할 생각은 없다.

'사회가 문화자본을 기준으로 계층화된다면 그것을 이용해서 사회적 상승을 이루고 싶다'라는 생각을 하는 분께는 "부디

힘내세요"라고 말씀드리는 수밖에 없다.

그렇다고 내가 그 동기에 공감하는 것은 아니다.

내가 "힘내세요"라고 말하는 이유는 그 정치적 결과에 흥미가 있기 때문이다.

문화가 '자본'이 된다는 말을 들으면 눈치 빠른 작자는 "이크, 이제부터는 교양으로 승부해야지"라며 주판알을 튀긴다. "앞으로는 독서량이 출세의 열쇠가 된대"라고 들으면 〈세계문학전집〉 독파 계획을 세워서 쭉쭉 읽어나간다. 쭉쭉 읽어나가던 도중 그만 사드나 니체나 바타유 등을 읽기 시작하여 정신차리고 보니 출세 같은 건 아무래도 좋게 되었다……라는 역설은 문화자본주의만의 운치다.

문화자본으로의 접근은 '문화를 자본으로 이용하려 하는 발상 자체'를 회의하게 만든다.

반드시 그리 된다.

그렇지 않다면 그것은 애초에 '문화'라고 부를 가치가 없는 물건이다.

내가 '일본은 문화자본의 편재로 인해 계층화될 것이다'라고 알려드리는 이유는, 이 말에 놀란 사람들이 문화자본을 획득하려고 앞다투어 몰려가면(내가 주장하는 '1억 총 프티 문화자본가' 구상이 이런 것이다) 결과적으로 계층사회의 출현을 뒤로

미룰 수 있다고 믿기 때문이다.

까다로운 전략이라서 죄송하다.

젊은 사람들은 이해하기 힘든 의견이겠지만 이 세상이 그런 곳이다.

오래 살다 보면 여러분도 언젠가 알게 되겠지요.

제 2 장

이겼느니 졌느니
떠들지 마라

『루저 개가 멀리서 짖는 소리』의 쿨한 태도

요즘 장안의 화제인 사카이 준코의 『루저 개가 멀리서 짖는 소리負け犬の遠吠え』*를 읽는다.

아주 재미있다.

실로 '쿨'하다.

'쿨'이라는 건 내 개인적인 정의에 따르면 자신이 서 있는 위치를 상당히 '높은 하늘'에서 내려다볼 수 있는 지성의 모습이다.

지금까지의 여성 논객은 '뜨거운' 분이 많았다.

---

* 한국에서는 『네, 아직 혼자입니다』(레몬컬처)라는 제목으로 출간되었다.

이는 '여자다'라는 피해자적·피억압자적 위치에서 움직이지 않은 채 거기서 발언한다는 전략상의 요청이 그리 만든 것이니 어쩔 수 없다.

어쩔 수 없지만, 같은 위치에 계속 틀어 앉아 똑같이 정형적인 말투로 하는 말을 들으면 듣는 쪽은 점점 질린다.

페미니즘은 이미 그 사상사적 사명이 끝나가는 중이라고 생각하는데, 이는 딱히 페미니즘의 이론적 결점이 만천하에 드러났기 때문도, 페미니즘의 역사적 과오가 이론의 여지 없이 증명되었기 때문도 아니다. '그런 말투로 사회와 자신의 관계를 설명하는 방식'에 다들 질렸기 때문이다.

딱하지만 그런 것이다.

마찬가지로 내가 자주 쓰는 "어른이 되면 안다"나 "그렇기 때문에 어쩔 수 없다"라는 어법도 지금은 약간의 진기함도 있어서 통용되지만, 언젠가 질려서 헌신짝처럼 버려지는 일은 피할 수 없다.

그렇기 때문에 어쩔 수 없다.

어쨌거나 사카이 씨는 현대 여성을 논할 새로운 위치를 찾아냈다.

그것은 누구의 편도 들지 않고 누구도 가상의 적으로 상정하지 않으며 자기 정당화도 (조금은 하지만) 자제하는, 다소 '먼

거리'에서 현대 여성을 바라보는 시선이다.

이 시선에는 '호기심'이 넘친다.

미지의 현상을 정해진 틀 속에 넣어서 '어차피 ✱✱✱일 뿐이야'라는 식으로 단정하고 끝내는 것보다 신기해하고 놀라고 이것도 아닌데, 저것도 아닌데 하며 궁리하는 쪽이 '즐겁다'. 그러므로 '즐거운 일을 한다'는 편안한 자세로 일관한다.

내가 감탄한 점은 '30대, 미혼, 무자식'의 '루저 개'에 '기혼, 유자식'의 '위너 개'를 대치시킨 부분이다.

이 용어 선택에는 (책에는 쓰여 있지 않지만) 깊은 뜻이 들어 있다.

미디어는 '루저 개' '위너 개'라는 구분에 착안하여 '승패' 관계로 논점을 좁히지만, 사카이 씨의 독창성은 여기에 굳이 '개'라는 경멸적인 뜻을 가진 명사를 짝지은 데 있다.

이기건 지건 간에 나이나 결혼 여부나 자식의 유무로 인간의 가치를 판정할 수 있다고 생각하는 사람은 '인간'이 아니라 '개'다, 사카이 씨는 그렇게 단언한다(실제로 말하진 않았지만).

이는 실로 과격한 발언이다(실제로 말하진 않았지만).

여기서 채용한 '루저 개'와 '위너 개'라는 이분법은 일시적으로 유행했던 '승자 그룹' '패자 그룹'이라는 이분법과 본질적인 부분에서 서로 통한다.

나의 오랜 친구인 리눅스 카페의 히라카와 가츠미의 말을 빌리자면, "'승자 그룹이 되고 싶다'거나 '패자 그룹은 되기 싫다'는 말로 비즈니스를 이야기하는 사람과는 사업을 하지 않아. 그런 사람은 쓸모가 없거든"이라는 게 '어른의 상식'이다.

하물며 결혼이나 육아는 아무리 생각해도 '승패'라는 틀로 논할 것이 아니다.

'결혼하면 승리'라거나 '아기가 생기면 승리'라는 식의 판정에는 아무런 실정적 근거도 없다.

내가 아는 한, 같이 살다가 한 무덤에 묻히자는 맹세를 지키면서 남편에게 변치 않는 경의와 애정을 품고 있는 아내는 이제 거의 '멸종 위기종'이며 기혼자의 5퍼센트도 안 될 것이다.

95퍼센트의 아내는 남편에게 질렸거나 실망했거나 미워하거나 그 존재를 잊고 있다.

육아도 마찬가지.

임신은 괴롭고 출산은 아프고(둘 다 해본 적 없으니 상상이지만) 육아는 고역이다. 아이는 앵앵 울부짖고 똥오줌을 흘리고 쓰레기를 주워 먹고 욕조에 빠지고 도랑으로 곤두박질치고 고양이를 물어뜯고 툇마루에서 굴러 떨어진다.

그런 존재에게 24시간 구속되는 것의 어디가 '승리'인가.

육아는 분명히 말해 '끝없는 불쾌함'이다.

육아를 '행복한 경험'이라고 단언할 수 있는 건 그 사람이

이 '끝없는 불쾌함'을 '끝없는 희열'로 바꿔 읽는 스스로에 대한 속임수에 성공했기 때문이지, 육아 행위 자체에 만인이 실감할 수 있는 '희열'이 존재해서가 아니다.

'승패'의 구분은 어떤 실정적 근거도 없는 환상이다.

하지만 실정적 근거 없는 환상이라는 점은 환상이 사회적으로 기능하는 것을 조금도 방해하지 않는다.

환상은 환상을 또박또박 재생산하기 때문이다.

이 '승패가 있다'는 환상은 '나보다 행복한 사람이 있다'는 환상을 재생산한다. '내가 행복한 사람 무리에 끼지 못하는 건 ○○ 때문이다(○○에는 '트라우마' '권력' '억압' '나의 가치를 이해하지 못하는 사람들' '나와 안 어울리는 파트너' '넘치는 지성' '풍부한 교양' 등등 좋아하는 단어를 넣으면 된다)'.

자신의 현재 '불행'을 남의 탓이라는 문맥으로 설명하는 사고방식, 이것이 '승패' 환상이 끊임없이 재생산해내는 사고방식이다.

'여기 말고 다른 곳' '지금 말고 다른 시간'에 '이곳에 있는 나와는 다른 자신'이 있고, 거기에 다다르는 것을 '외부에 있는 누군가'가 방해한다는 말투로 자기를 규정하는 이 사람들을 사카이 씨는 필시 '개'라고 부른 것이리라(나라면 조금 자제해서 '아이'라고 부르겠지만).

'아이'는 아직 '인간'이 아니다.

"인간Mensch이 되어라"는 빌리 와일더의 영화 〈아파트 열쇠를 빌려드립니다The Apartment〉에서 잭 레몬이 연기하는 주인공의 이웃인 유대인 의사가 도회적이고 향락적인 생활 속에서 흐물흐물 망가져가는 주인공에게 하는 말이다.

"인간이 되어라."

『루저 개가 멀리서 짖는 소리』가 독자에게 넌지시 고하는 것은 이 말이 아닐는지.

'루저 개'는 21세기의 랑티에

대학원의 미인 청강생 E다에게서 메일이 왔다("미인 청강생"이라는 말을 듣고 순간 '난가?'라고 생각할 수도 있지만 그대 이야기가 아니다).

이번 '루저 개'에 관한 당사자의 발언 가운데 대표적인 한 예로 소개하고 싶다.

선생님, 안녕하세요.

30대, 미혼, 자식 없는 E다입니다.

현역 루저 개로서는 제 이야기가 쓰여 있는 듯한 책이라서 선생님의 감상과는 다를 수도 있지만, 선생님께서 말씀하신 대로 육아는 그 어디가 승리인가 싶을 정도로 힘든 일이라고 생각해요.

그러니 위너 개 여러분이 유니클로의 옷을 입고 육아에 쫓기며 《근사한 부인》지의 특집에서 본 〈다진 고기 반찬으로 일주일 보내기〉로 가계를 꾸려나갈 때, 5만 엔짜리 구두를 척척 사고 한 손가락에 천 엔(양손 합쳐서 만 엔)짜리 네일아트를 받는 루저 개를 보면 아마 슬픈 기분에 잠길지도 모릅니다(루저 개의 소비에는 루저 개 나름의 사정이 있지만요, 정말로요).

그럴 때 '하지만 저 사람들(루저 개들)은 여자의 행복을 모르잖아. 그에 비해 나는 행복해(이겼어)'라고 생각하며 육아에 힘써주신다면 저는 기꺼이 루저 개가 되겠어요. 배를 드러내며 낑낑거리겠어요.

아이를 낳고 길러주다니 고마운 일이니까요.

또 마지막 수업의 '문화자본' 건에 대해 생각해봤는데, 문화는 요컨대 심심풀이 같은 거죠.

먹고 사는 데 필사적인 시대라면 문화를 추구하기 힘들 테니까요.

육아와 가사에 쫓길 일 없는 루저 개는 앞으로의 문화 담당자로서 상당히 좋은 위치에 있지 않나요?

사카이 준코도 말했듯 이미 그런 경향이……

그래서 루저 개는 더더욱 내성적으로 살게 되고, 자기보다 조건이 나쁜 남성에게서는 멀어지고.

역시 재생산은 무리네요…… 실례했습니다.

내가 "오오" 하고 무릎을 친 부분은 '루저 개=문화 담당자'라는 E다의 착안점이다.

과연 그 말대로다.

그리고 보면 사카이 씨도 '루저 개'들이 맛집 탐방, 해외여행뿐만 아니라 가부키, 오페라, 교겐, 발레 등의 전통 예능부터 다도, 꽃꽂이, 서예, 향도香道,* 합기도에 이르기까지 무수한 배움에 힘쓰고 있다고 지적하셨다.

나는 문득 '랑티에rentier'라는 단어를 떠올렸다.

랑티에란 '(주로 국채로 사는) 금리 생활자'다.

아시다시피 유럽의 집은 석조라서 사람들은 거기서 선조 대대로 물려받은 가구와 집기를 그대로 쓰면서 살아간다.

또한 별로 알려져 있지 않지만 유럽은 데카르트의 시대부터 1914년까지 화폐 가치가 거의 변하지 않았다.

이 말인즉슨 선조 가운데 누군가가 약간의 재산을 모아 그것으로 아파트와 국채를 사서 유산으로 남겼다면, 상속인은 (분에 넘치는 짓만 하지 않으면) 평생 무위도식할 수 있었다는 뜻이다.

그런 사람들이 프랑스만 해도 몇 십만 명쯤 있었다.

---

* 향을 피워 그 향기를 즐기는 예도.

『저 아래Là-bas』의 데 제르미나 「모르그가의 살인사건」의 오 귀스트 뒤팽이 이 부류다.

일도 안 하고 온종일 팔걸이의자에 앉아서 망상에 잠기는 것은 셜록 홈스의 특기였다. 이 나라에서도 탐정은 아케치 고 고로*든 긴다이치 고스케**든 '고급 백수'로 정해져 있다.

아무튼 그들은 한가하다.

어쩔 수 없으니 책을 읽거나 산책을 하거나 극장과 살롱을 방문하거나 철학과 예술을 논하거나 살인사건의 범인을 추리 하며 일생을 마친다.

물론 결혼 따윈 하지 않는다.

기껏해야 동성 친구와 같이 사는 정도다(홈스는 왓슨과, 뒤팽 은 '나'와, 아케치 고고로는 고바야시 소년과).

그런데 이 랑티에들이야말로 유럽 근대문화의 창조자이자 비평자이며 향수자였다.

당연한 일이다.

새로운 예술운동을 일으키거나 기구를 타고 성층권으로 올 라가거나 '잃어버린 세계'를 찾아내는 등의 모험에 희희낙락

---

* 추리작가 에도가와 란포의 소설에 등장하는 사립 탐정.
** 한국에서는 『소년탐정 김전일』이라는 제목으로 출간된 추리만화 속 주인 공.

참여할 수 있는 사람은 '부양가족이 없을 것' '일정한 직업이 없을 것' '호기심이 강할 것' '교양이 있을 것' 등의 조건을 만족시켜야 한다.

"저기, 다음 주에 북극에 개썰매 타러 갈 건데 대원이 한 명 모자라"

"아, 내가 갈게"

라는 말을 주저 없이 할 수 있는 사람은 어지간해서는 없다.

부르주아지는 돈벌이에 여념이 없고, 노동자들은 하루 벌어 하루 사는 생활과 혁명 준비 때문에 그런 '놀이'에 어울릴 여유가 없다.

결국 근대 유럽에서 최고의 '모험'적 시도와 '문화'적 창조를 담당한 것은 바로 랑티에들이었다.

유감스럽게도 유럽 문화의 창조적인 돌탑을 구성했던 이 백수들은 1914~1918년의 제1차 세계대전으로 인해 사회계층으로서는 사라졌다.

인플레이션이 일어나 금리로는 생활하기가 어려워졌기 때문이다.

그들은 어쩔 수 없이 '샐러리맨'이 되었고, 그런 식으로 홈스도 뒤팽도 아케치 고고로도 세계에서 사라지고 말았다.

나는 이 일을 몹시 애석하게 생각한다.

철학적 행위나 예술적 창조는 단순히 말하자면 팔걸이의자에 앉아서 골똘히 생각에 잠기거나 잠과 밥을 잊은 채 아틀리에에 틀어박혀 있어도 아무도 불평하지 않으며 굶어 죽지도 않는 지극히 산문적인 조건을 필요로 한다.

영업맨으로 일하며 철학 논쟁을 펴나가거나 트럭 운전수를 하며 예술 운동을 조직하는 것이 불가능한 이유는 적성의 문제도 있겠지만 주로 '시간이 없어서'다.

'남아도는 시간과 약간의 재산의 결여'라는 지극히 산문적인 이유가 그들이 '랑티에'의 삶을 사는 것을 가로막는다.

이야말로 현대에서 문화가 쇠퇴한 커다란 원인이라는 점은 어느 분이든 이해하시리라.

그런데.

여기에 '루저 개'라는 새로운 사회계층이 등장했다.

그 겉모습이 예전의 랑티에와는 너무도 달라서 나는 그 사실을 알아차리지 못했는데, E다의 지적을 듣고 화들짝 놀랐다.

'루저 개'는 21세기 일본이 낳은 새로운 '랑티에(여성이니까 '랑티에르')'가 아닌가.

그녀들은 부모에게 빌붙어 살건 혼자 살건 동성 친구와 같이 살건 어쨌거나 '부양가족'에게 속박당하지 않는다.

직업도 남성 샐러리맨에 비해 유동성이 훨씬 높아서 '일정한 직업'에 구속되지 않는다.

부양가족이 없고 일정한 직업에 정착해 있지 않으며 어느 정도의 생활 자금이 확보되어 있으면 사람은 반드시 '문화적'이 된다.

"의식이 족해야 예절을 안다"는 말처럼, '시간과 약간의 돈'이 있으면 사람은 학문이나 예술이나 모험 같은 것에 이끌리는 법이다.

"문화는 요컨대 심심풀이 같은 거죠"라는 E다의 말은 훌륭하게 정곡을 찌르고 있다.

그렇다.

먼저 '한가함'이 필요하다.

그러고 나서 비로소 그 한가함을 '죽이기' 위해 사람은 이모저모 궁리를 하기 시작하는 것이다.

일본은 이대로라면 문화적 최빈국으로 영락할 것이다.

이를 막을 사람은 여러분밖에 없다.

'루저 개' 여러분, 일본의 문화적 미래는 여러분의 두 어깨에 매달려 있다.

건투를 빈다.

'여대 쏠림' 현상과 위너 개로의 이동

어떻게 될지 뚜껑을 열기 전까지 알 수 없었던 2004년도 입시지만, 원서 접수 상황에 변화가 보인 것은 미디어가 보도하는 대로다.

'여대 쏠림' 현상이 두드러지게 나타난 것이다.

도쿄에서는 시라유리여대, 도요에이와여학원대학, 쇼와여대 등의 지원자가 늘었고, 간사이에서는 교토여대, 도시샤여대, 그리고 우리 학교의 지원자가 늘었다.

대부분의 대학이 전년 대비 지원자 수가 떨어진 가운데 지원자가 늘었다는 것은 '이상 사태'다.

아무래도 최근 10년 사이 여학생의 '공학 지향' '실학 지향' '커리어업* 지향' 상승세가 꺾인 모양이다.

지난주《주간 아사히》(2004년 3월 5일호)의 다소 저널리스틱한 분석에 따르면 '비교적 커트라인이 낮아서 들어가기 쉽고' '하지만 브랜드 파워가 있으며' '아저씨들에게 평이 좋아서 취직률이 높고' '2, 3년 일한 뒤 홀홀 〈결혼 퇴직〉하는 코스를 노리는 여성에게 최고의 선택'이라는 '1.5류 여대'로 인기가 쏠렸다는 것 같다(츠다주쿠대나 도쿄여대 같은 '1류 여대'는 오히려 지원자가 줄었다).

　한마디로 지금 드러나고 있는 현상은 '위너 개로의 이동' 징후다, 라는 분석이다.

　그런가. '위너 개로의 이동'인가.

　젊은 여성이 기회를 재빠르게 붙드는 모습은 실로 놀랄 만하다.

　그런데 '위너 개' 인생을 바라며 대학에 원서를 낸 수험생 여러분께는 몹시 말씀드리기 난처하게도, 우리 고베여학원대학은 사실 '루저 개의 명산지'로 유명한 대학이다.

　정확한 통계를 낸 것은 아니지만 우리 학교의 졸업 10년 이내 결혼율은 아마도 30퍼센트대일 것이다.

---

* 유학 등을 통해 경력을 쌓거나 높은 지위로 이직하는 것을 뜻하는 일본 조어.

나머지 60~70퍼센트는 '서른 살, 미혼, 무자식'의 '루저 개' 집단이며, 게다가 상당수는 '무직'까지 얹힌 '슈퍼 루저 개'다.

어째서 이런 걱정스러운 사태가 일어났는가, 이에 대해서는 나도 교원의 한 사람으로서 책임을 느낀다.

내가 보기에 '슈퍼 루저 개'의 대량 발생에는 두 가지 이유가 있다.

하나는 '부모가 부자'라는 점이고 다른 하나는 '성공한 동기생이 많다'는 점이다.

그렇다.

그야말로 불가사의하게도 '부모가 부자이고 친구 중 성공한 사람이 많으면 슈퍼 루저 개가 되기 쉽다'는 법칙이 엄연히 존재한다.

이는 오사카와 고베 지방의 부르주아지 사이에 널리 퍼져 있는 일종의 '풍토병'이라 해도 좋을 것이다.

병의 원인과 증상의 연관성은 생각해보면 분명 알 수 있다.

'부모가 부자'면 자식의 '근로 의욕'이 현저하게 떨어진다는 점은 금세 이해할 수 있을 것이다.

당연한 일이니까.

"아빠, 나 면허 땄어!"

"오, 그러니. 그럼 아빠가 이번에 재규어로 바꿀 거니까 저

포르셰는 너 줄게."

이런 가정환경에서 자란 아이가 시급 800엔짜리 맥도널드 아르바이트를 할 리 없다.

하지만 이는 어떤 면에서 불행한 일이다.

왜냐하면 실제로 그 아이가 부모의 연줄 없이 근로시장에 내던져진다면 우선 시급 800엔짜리 일밖에 할 수 없는데, 몇 개월 부지런히 일해서 50만 엔을 저금할 경우 얻는 성취감은 부모의 연수입이 200만 엔인 가정의 아이가 같은 금액의 저금에 성공했을 때 얻는 성취감에 비할 것이 못 되기 때문이다.

부모가 부유하면 아이는 '구슬땀 흘려가며 일하는 기쁨'에서 멀어진다.

그도 그럴 게, '구슬땀 흘려가며 일하는 기쁨'은 주위 사람들에게 "장하다!" "고마워!" "기델 건 너뿐이야" "우리 집의 희망은 네 두 어깨에 매달려 있어"라는 말을 반복해서 들음으로써 사후적으로 얻는 것이기 때문이다.

일이 아무리 힘들어도 자신의 이 고역이 사랑하는 사람들의 생활을 지탱한다고 생각하기 때문에 '구슬땀 흘리는' 일은 기쁨으로 경험된다.

'주위에서 누구도 기대하지 않으며 아무도 의존하지 않는 노동'이 우리에게 '성취감'을 가져다주는 일은 있을 수 없다.

따라서 '부모님이 부자'라는 조건은 아이들에게서 '노동하는 것에 대한 긍지'를 느닷없이 빼앗아간다.

부모가 부자인 사람은 자신의 '분수에 어울리는' 일에는 웬만해서는 '의욕'도 '성취감'도 느끼지 못한다(결과적으로 그것이 '사회적 능력의 단계적 획득'을 가로막는다).

이것이 '슈퍼 루저 개'의 첫 번째 발생 이유다.

두 번째 이유는 '성공한 친구가 많다'는 점이다.

우리 학교는 아시는 대로 '슈퍼 위너 개'를 잇따라 배출하고 있다.

사업에서, 학문에서, 미디어에서, 예술에서, 사회 활동에서 활약할 뿐만 아니라 멋진 남편과 귀여운 아이들에게 둘러싸여 '엄청 행복한' 가정생활을 하는 동창생은 일일이 셀 수도 없을 지경이다.

보통 그렇게까지 '그림 같은 위너 개 인생'을 살고 있는 사람과는 여간해서는 만날 기회가 없다.

그런데 우리 학교 캠퍼스에서는 여러 사정상 '그림 같은 위너 개 인생'을 구가하는 동창생 사모님이 세련된 보석을 아무렇지도 않게 걸치고 이탈리아제 구두를 또각거리며 번쩍번쩍한 벤츠의 문을 열고 우아하게 내린다…… 이런 풍경을 몹시 자주 마주치는 것이다.

'성공해서 행복한 동창생'은 학생에게는 '자극'인 동시에

'압박'으로도 기능한다. 그런 선배를 '모델'로 상정하여 거기서 점수를 깎는 방식으로 '지금의 나'와의 차이를 재면 누구라도 풀이 죽는다.

같은 일은 동세대 사이에서도 일어난다.

자신의 동기들이 화려한 성공을 거두었다는 소식을 들으면 사람은 '초조'해진다.

우리 졸업생 가운데 '꽃을 피우는' 사람은 상당히 빠른 단계에서 사회적 평가를 얻고 미디어에 이름이 나오며 사진이 신문과 잡지를 장식한다.

동기로서는 '초조'해지는 것도 당연하다.

'앗, 이대로는 안 되겠네'

하고 생각하게 된다.

초조해진 이들은 "나도 이런 직장에서 썩고 있어선 안 되겠어"라거나 "이런 일이 아니라 진정한 나다움을 발휘할 수 있는 일을 시작해야겠어"라거나 "이런 사람 말고 내 숨겨진 재능과 매력을 이해하는 사람과 함께 해야 해"라는 말을 하기 시작한다.

하지만 안달해서 사태가 호전되는 경우는 별로 없다.

그런 말을 하는 사람은 유감스럽지만 극소수의 예외를 제외하고는 대부분 빨려 들어가듯 '커리어다운'* 코스를 더듬어가게 된다.

친구가 너무도 크게 성공한 경우 사람은 자신의 현재 상황에 위화감을 느끼며 '여기 말고 좀 더 볕이 잘 드는 곳'을 갈망하게 된다(결과적으로는 그것이 '현재 상황' 속에 있는 주위 사람들의 평가나 신뢰를 해친다).

'위너 개' 양산 시스템에 몸을 맡긴다는 것은, 반대로 말하자면 그 '위너 개'들을 자신의 '성공 기준'으로 삼아야 하는 탓에 '불충족감'에 시달릴 가능성이 다른 경우보다 높다는 뜻이다.

항상 불충족감에 시달리는 인간은 '지금 자기 알맹이의 능력과 적성, 지금 자신이 편입된 시스템, 지금 자신에게 기대되는 사회적 역할'을 쿨하고 계량적으로 바라보기가 거의 불가능하다.

이는 바꿔 말하자면 '분수에 맞는 생활 속에서 긍지와 만족감과 행복을 느끼기'가 거의 불가능하다는 뜻이다.

인생의 성취 목표를 높이 잡아서 거기에 이르지 못하는 자신을 '용서하지 않는' 삶은 (극소수의 예외적으로 터프한 이를 제외하면) 사람을 별로 행복하게 만들어주지 않는다.

이런 말을 하는 사람은 별로 없으니 내가 해두겠는데, "향상

---

* 낮은 지위, 낮은 급료를 받는 곳으로의 전직을 뜻하는 일본 조어.

심이 반드시 사람을 행복하게 만들어주는 것은 아니다".

행복의 비결은 '작지만 확실한 행복(ⓒ무라카미 하루키)'을 가져다주는 것의 목록을 얼마나 길게 쓸 수 있는지에 달려 있다.

뭐, 그건 또 다른 이야기지만.

하지만 그렇다 해서 여기까지 읽은 수험생 여러분이 '그럼 고베여학원대학에 지원하는 건 관두자'라고 생각하는 건 얕은 소견이다.

그건 본말전도다.

지금 일본에서 우리 대학은 일단 '루저 개 대책'에 관해 가장 앞서 있는 학교라고 말씀드려도 과언이 아니다.

백신은 풍토병 발생 현장에서만 만들어진다.

그런 법이다.

그러므로 '위너 개로 이동하는' 여러분도 "승리라느니 패배라느니, 애초에 나는 '개' 같은 건 되기 싫어. 나는 '인간'이 되고 싶어!"라는 여러분도 마땅히 우리 학교로 모이시기를 호소하며 인사를 대신하고자 한다.

제 **3** 장

거리의
상식

제1회 경어에 대해

말투 때문에 주의를 받는 경우가 많은데, 경어는 뭔가 부자연스럽고 다들 무리해서 쓰는 것 같기도 해요. 그런데도 어째서 경어를 쓰는 건지 솔직히 잘 모르겠어요. 이렇게 말하면서도 주의 받는 게 귀찮으니까, 성가시다고 생각하면서도 경어를 쓰긴 합니다.

갑자기 질문을 받았는데, 답변하기 전에 이번 장의 '구조'를 설명해두겠다.

이 장은 '젊은 분'의 소박하고도 근원적인 질문에 어리석은 우치다가 대답하면 "과연 그렇군" 하고 책상을 두드리며 납득해주십사 하는, 청년판 '어린이 전화상담실' 같은 취지의 챕터다(그러므로 글 가운데 종종 '그대'라는 허물없는 이인칭이 나올 테지만, 그것은 물론 지금 읽고 계신 '당신'이 아니니 마음 푹 놓으시기를). 물론 지금도 그런 종류의 '노하우' 책은 항간에 산더미처럼 유포되어 있으나 진정 교육적인 책을 만나는 경우는 상당히 드물다. 내 좁은 견식이 미치는 한…… 앗, 뭐라고, 말뜻을 모르겠다고? "책상을 두드리며 납득한다"도 "항간에 유포되어 있다"도 "좁은 견식이 미치는 한"도 무슨 말인지 모른다고?

과연 그렇군. 그렇겠지. 그대들은 이제 이런 말은 안 쓰니까.

하지만 유감스럽게도 나는 '이런 말'을 쓴다. 구태여 쓴다.

일단 그대들은 말뜻을 모를 수도 있지만, 이런 상투적인 구절에는 그 나름의 기세와 좋은 울림이 있다. 그러니까 나는 사양 않고 쓰겠다. 머지않아 말뜻도 알게 될 테지.

말뜻은 사전을 찾거나 누군가에게 "무슨 뜻이에요?"라고 물어서 아는 게 아니다.

아기가 어떻게 말을 배우는지 생각해보라. 어머니가 아기를 안고 말을 걸 때 아기는 아직 언어를 모른다. 아직 모르는 말을 듣는 도중에 점점 뜻을 알게 되는 것이다. '엄마'라든지 '꿀꿀'이라든지 '멍멍'이라든지, 아기는 단어 하나하나를 기억해나간다. 이 과정은 아이든 어른이든 마찬가지다.

사람에게는 '못 읽던 글자를 자기 힘으로 읽을 수 있게 되는' 일이 일어난다. 원리는 그리 어렵지 않다. 같은 말을 다양한 문맥, 다양한 상황에서 몇 번이고 거듭 마주치는 것. 그저 그뿐이다. 그 문맥이나 상황 모두에 공통된 요소를 찾아낼 수 있으면 말뜻을 알게 된다.

하지만 이번에는 처음부터 의미 설명만은 해두기로 하자. '책상을 두드린다案を叩く'에서 '책상 안案'은 '책상 궤机'와 쓰임이 같다. 책상을 탕탕 두드리며 "알았다!"라고 하는 것이 '책상을 두드리며 납득한다'다.

'궤하机下'라는 말은 알겠지? 편지 마지막 행에 수신인 이름 밑에 붙여 써서 경의를 표하는 말이다.

'궤하'를 모른다고? 아, 그래. 그럼 설명하겠다.

보통은 남성 상대의 편지에 쓰는 말이다. '무라카미 하루키 님 궤하'라는 식으로. 상대의 '책상 밑'에 편지를 살짝 둘 테니 기분이 내키면 읽어달라는 조심스러운 마음이 '궤하'라는 말에 담겨 있다(그러므로 당연히 '안하案下'라는 말도 있다).

'각하閣下'나 '전하殿下'도 같은 원리로 만들어진 경칭이다. '각閣'도 '전殿'도 '고귀한 사람이 사는 곳'이므로 '각하'나 '전하'는 그들의 집 '근처'라는 뜻이다. 그런 식으로 높은 사람은 '직접 이름을 부르지 않고' 그 사람에게 '가까운 장소'를 가리키며 에둘러 지명하게 되어 있다.

그래서 시미즈의 지로초 두목이 구로코마의 가츠조나 오마에다의 에이고로*에게 말을 걸 때는 "오, 구로코마" "오, 오마에다의 물주"라고 지명으로 부른다. 그것을 "지로초" "왜, 가츠조"라고 부르면 사태가 좀 위험해진다.

'황제 폐하'에서 '폐하陛下'가 무슨 뜻인지 아는가? '각하'나 '전하'와 같은 만듦새이니 그것이 어떤 '장소'를 가리킨다는 사

---

* 셋 다 에도막부 말기의 협객. 시미즈, 구로코마, 오마에다는 지명이다.

실은 어렴풋이 상상할 수 있겠지.

나는 이 장소를 베이징의 자금성에서 보았다.

'폐陛'란 궁전으로 올라가는 계단이다. 정확히 말하자면 계단은 아니다. 단이 없으니까. 무엇보다 황제는 그런 곳을 걸어서 올라가지 않는다. '폐'는 화려한 용이나 봉황 장식을 새긴 '경사면'이다. 황제만이 가마에 탄 채 그 상공을 지나갈 수 있다. 황제 이외의 사람은 그 경사면뿐만 아니라 그 위 공간조차 건드리는 것이 용납되지 않는다.

그러므로 '폐 가까이에 있는 분'은 어쨌거나 '세계에 한 명밖에 없는 고귀한 분'이라는 뜻이다.

'안案'의 뜻 설명에서 시작해서 이야기가 상당히 옆길로 샜지만, 사실은 이 탈선이 '경어 문제'의 본질에 다가가고 있었다는 것을 이제 눈치챘는가?

'경敬'이라는 한자의 원래 뜻은 '몸을 비틀다'라는 뜻이다. 사람이 어떤 경우에 몸을 비트는지 상상해보기 바란다. 다리가 땅에 달라붙어 있을 때 무언가 '위험한 것'이 다가오면 사람은 몸을 비튼다. 데드 볼을 아슬아슬하게 피하는 타자의 모습을 떠올려보면 알 수 있다.

'공경한다'란 본질적으로 그런 뜻이다.

'피할 수 없지만 직접 접촉해도 안 되는 것'과 얽히는 일, 그

때의 예법을 고대 중국인은 '경'이라는 한자에 담았다.

'경'을 쓴 가장 강렬한 숙어는 "귀신은 공경하되 멀리하라(敬鬼神而遠之)"는 『논어』의 말이다. 공자는 귀신이나 신처럼 '위험한' 존재는 피할 수는 없으나 '직접 접촉해서도 안 된다'고 경고했던 것이다.

'폐하'라는 경칭에서 명백히 볼 수 있듯, 그것은 '무심코 닿아서는 안 되는 위험물'이다. 하지만 '그것과 관계를 안 가질 수는 없다'. 그런 경우 우리는 '공경한다'는 접근법을 선택한다.

이제 이해가 되셨으리라. '경어'란 '자신에게 재앙을 입힐 수도 있는 존재', 즉 권력을 가진 존재(그 극단적인 예가 귀신이나 황제다)와 반드시 관계해야만 하는 국면에서 '몸을 비틀어' 상대의 직접적인 공격이 지나가게 만들기 위한 생존 전략이다.

젊은 사람에게 '살아간다'는 것은 요컨대 '나보다 힘 있는 인간(그는 반드시 '나보다 현명한 인간'이나 '나보다 선량한 인간'이 아니다. 대부분의 경우 그렇지 않다)'에게 '휘둘리는' 경험이다. 명령받고 계도받고 교육받고 조정당하고 처벌받는다.

"젠장, 나도 언젠가 잘난 사람이 되어서 앙갚음해줄 테다"라며 허세를 부리는 젊은이도 있을지 모른다. 그것도 훌륭하다. 하지만 그 전에 할 일이 있다.

바로 자신을 지키는 것이다.

그대들을 상처주고 해칠 가능성이 있는 '나보다 힘 있는 인간'으로부터 자기 몸을 지키는 일이다.

'공경한다'란 딱히 '나보다 힘 있는 인간'에게 '뭔가 좋은 것'을 주는 일이 아니다. 자신이 상처입지 않기 위해 '몸을 비틀어' 공격을 피하는 일이다. 이를 위해서는 자기보다 힘 있는 상대와는 결코 직접 대면하지 않을 필요가 있다.

해서는 안 될 것은 그런 상대와 '맨몸'으로 대면하는 일이다. 자신의 '속마음'이나 '참모습'을 드러내는 것은 자신을 지키는 데에 가장 나쁜 선택이다.

'경어를 써서 이야기한다'는 것은 신사나 불당, 묘석 앞을 지나갈 때 '일단 합장'하거나 뜨거운 냄비의 뚜껑을 집을 때 '일단 장갑을 끼는' 것과 본질적으로 같은 행동이다. 위험한 것에 직접 닿아서는 안 된다.

그러므로 경우에 따라 우리는 '내 생각을 나의 언어로 이야기하는 것' 혹은 '내가 진정 어떤 사람인지 알리는 것'을 피해야 한다. 그런 말은 보다 친밀한 상대를 위해 아껴두면 된다.

오카노 레이코의 만화『음양사』1권에 이에 관한 상당히 함축성 짙은 에피소드가 나온다. 라쇼몬*에 둥지를 튼 귀신에게

---

* 헤이안시대의 도성 정문. 굶어 죽은 사람의 시체를 이곳에 내다버렸다고 한다.

비파의 명기인 겐조를 되찾으러 간 아베노 세이메이와 미나모토노 히로마사한테 귀신이 '이름을 묻는다'. 히로마사는 질문에 응해 솔직하게 "미나모토노 히로마사다"라고 이름을 대는 반면 세이메이는 '마사시게'라는 가짜 이름을 알려준다. 다음 날, 라쇼몬을 향해 귀신을 퇴치하러 가는 일행에게 귀신은 "꼼짝 마라, 히로마사" "꼼짝 마라, 마사시게"라고 외친다. 히로마사는 그대로 굳어버리지만 세이메이는 스르륵 다가가 귀신을 베어 죽인다.

"자네는 조심성 없이 본명을 술술 밝히니까 주술에 걸리는 거야, 히로마사"라며 세이메이는 웃는다.

그 전 장면에서 세이메이는 고유명은 '주술'이라고 말한다.

"산이나 바다나 나무나 풀 같은 이름도 주술의 일종이야. 주술은 요컨대 무언가를 결박하는 일이지. 이를테면 자네는 히로마사라는 주술에, 나는 세이메이라는 주술에 걸려 있는 사람이라는 말일세."

모든 존재는 그 고유명으로 주술에 걸려 결박된다. 그러므로 왕조시대의 남녀는 하룻밤을 함께 보낸 뒤에 비로소 본명을 밝혔다. 이는 경솔한 사람에게는 결코 자신의 '참모습'을 보여주지 않는다는 생존전략을 뒤집어서 '당신에게 나를 결박하고 상처입히고 해칠 권리를 준다'는, 어떤 면에서는 장렬한 결단의 증표를 주고받는 일이다.

귀신을 마주할 때는 '본명을 술술 밝히면 안 된다'. 그것이 '귀신을 공경하되 멀리하는' 행동이다. 그러므로 권력을 가진 사람에게는 '경어'를 쓴다. 결코 '평소 자신이 쓰는 말'로 이야기하지 않는다. 이는 격렬하게 부딪치는 물건에는 '완충재'를 대고 뜨거운 금속이나 차가운 눈은 '장갑'을 끼고 만지는 것과 같은 행동이다. 그런 '도구' 사용에 능숙한 사람은 웬만큼 위험한 대상도 솜씨 좋게 컨트롤할 수 있으며, 그로부터 치명적인 상처를 입는 일도 없다.

경어도 이와 같은 '도구'다. 그것은 '생존을 위한 도구'다. 그러니 '성가신' 것은 당연하다. 보호용구니까 당연히 거추장스럽다.

"난 그런 건 필요 없어. 언제 어디서나 본심을 이야기하고, 상대가 누구든 같은 말투를 쓸 거야"라는 사람에게는 "부디 마음대로 하세요"라고 말씀드릴 수밖에 없다.

하지만 현대 일본에도 틀림없이 '라쇼몬'이 있고 '귀신'도 있으며 '주술'도 기능한다. '귀신'에게 잡아먹힌 뒤에 '아뿔싸' 생각해도 때는 이미 늦었다.

제 2 회   돈에 대해

생존을 위해 필요한 것이라고 하면 우선 떠오르는 게 '돈'입니다. 돈이 전부라고는 생각하지 않지만 결국 돈으로 인생의 많은 것이 결정되잖아요. 중요한 건 돈이 아니라고 말하는 사람일수록 그럭저럭 괜찮은 월급을 받는단 말이죠. 우리 아르바이트생 입장에서 보면요.

"인생은 돈이야"인가, 아니면 "인생은 돈이 다가 아니야"인가.

어느 쪽인지 가르쳐주기를 바라는가? 흠, 곤란한데.

젊은 사람은 곧바로 "예스인가, 노인가?" "검정인가, 하양인가?"라며 결단을 재촉하지만 세상은 그런 곳이 아니라네, 정말로.

진짜 어려운 문제는 '답이 나오지 않는 문제'가 아니라 '답이 너무도 많아서 정답이 없거나 모두 정답인 것 같은 문제'다.

이를테면 '죽는 것'은 '좋은 일'인가 '나쁜 일'인가라는 질문을 들으면 그대는 즉시 답할 수 있겠는가.

어린애라면 "죽는 건 싫어!"라고 대답할지도 모르겠다.

하지만 생각해보시라.

만약 60억 인구가 아무도 죽지 않아서 점점 인간만 늘어간다면 지구는 어떻게 될까?

몇 세기가 지나면 지구상에 비어 있는 땅은 없어지고 지구 자체가 만원전철처럼 되겠지. 만원전철 안에서는 더 이상 어떤 노동도 할 수 없고 밥도 못 먹고 대화도 못 하며 음악도 못 듣고 섹스도 못 한다. 그저 콩나물시루처럼 빼곡하게 담겨서 아무것도 못 하는 상태가 '영원히' 지속되는 것이다(안 죽으니까. 압사도 아사도 하지 않은 채 그저 영원히 계속 서 있을 뿐이다).

그런 생활, 그대는 하고 싶은가?

하기 싫겠지. 누구라도 하기 싫을 테지. 사람은 죽는다. 그래서 인간은 살아갈 수 있다. 앞 세대가 차례차례 사라져주기 때문에 그 뒤에 이어지는 세대는 어떻게든 살아갈 수 있다.

개인 수준에서 생각해도 마찬가지다. 만약 그대가 늙지도 죽지도 않는 몸이 된다면 어떨까? 기쁠까?

몇 십억 년 뒤 태양은 그 빛을 감출 것이다. 그보다 훨씬 전에 인류는 지상에서 죽어 사라졌을 것이다. 만약 살아남아 우주공간으로 나간 인류가 있다 해도 그들은 이미 다른 종으로 진화하여, 그들의 눈에 그대는 '베이징 원인原人'처럼만 보일 것이다.

그런 식으로 이제 그대와 말을 주고받을 상대도 사랑을 나눌 상대도 없는 시간이 영원히 이어진다면, 그런 게 즐거울 리 없겠지.

아무리 생각해도 '죽는 건 인간에게 좋은 일'이다.

하지만 이 가치관은 평소 생활에서는 완전히 뒤바뀐다. 우리는 죽지 않기 위해 필사적이다. 삼시세끼 밥을 챙겨먹고, 매일 잠을 자고, 건강에 신경 쓰고, 교통사고에 주의하고, 높은 곳에 올라가면 난간에 매달린다. 어딘가 상태가 안 좋아지면 허겁지겁 병원으로 달려가서 "괜찮을까요? 죽는 건 아니죠?"라며 새파랗게 질린다.

죽기 싫으니까.

그런데 이상하지 않은가? 인간은 죽기를 바라는 동시에 죽기를 바라지 않는다.

하지만 원래 그런 법이다.

'죽음이란 무엇인가?' 혹은 '죽어야 하는가, 살아야 하는가?'라는 질문이 인간에게 대답 불가능한 난문으로 꼽히는 이유는 그 때문이다.

난문이란 답이 몇 개나 있으면서 모두가 정답인 듯한 질문이다. 돈도 그런 면에서 '난문'이다.

'돈은 소중하다.'

하지만 동시에 '아무래도 좋은 것이다'.

'돈은 소중하다.' 왜냐하면 돈은 인간이 다른 인간과 커뮤니케이션을 하기 위해 꼭 필요한 도구이기 때문이다. 원래 그 목적으로 발명된 물건이니까.

인간끼리의 커뮤니케이션 도구라는 측면에서 '돈'은 '언어'나 '사랑'과 같은 종류다. 우리는 '돈'을 매개로 다양한 것(재화, 서비스, 정보 등)을 교환한다. 돈이 없으면 그런 것을 주고받을 수 없다.

생각해보시라.

돈이 없다면 이 세상에서 '상품'은 사라질 것이다.

만약 '돈'이 없으면 그대는 '여분으로 가지고 있는 것'을 누군가에게 건네고 그 대신 '그대에게 부족한 것'을 손에 넣는 물물교환을 해야 한다. 이것은 보통 일이 아니다. '그대가 여분으로 가지고 있는 것'을 필요로 하는 동시에 '그대가 원하는 것'을 여분으로 가지고 있는 한 인물과 딱 마주치지 않으면 이야기가 되지 않으니까. 즉 두 인물이 가진 두 종류의 욕망이 열쇠와 자물쇠처럼 딱 맞물리지 않으면 교환이 성립하지 않는다. 이를 경제학 용어로는 '욕망의 이중적 일치'라고 부른다.

가령 내가 '찹쌀떡'을 상품으로 많이 가지고 있다 치자. 그리고 'BMW를 갖고 싶은데' 하고 생각한다 치자.

이 경우 나는 먼저 BMW 주인을 찾아낼 필요가 있다. 그러고 나서 "찹쌀떡 4만 개랑 교환하실래요?"라고 물을 테지만, 아마 이 교환은 어려울 것이다.

그러므로 나는 그 사람에게 "뭐라면 교환해주실래요?"라고
묻게 된다. 그러면 상대방이 "파워북* 20대라면 교환할게요"
라고 한다. 이것 참 성가시게 되었다. 이번에는 '파워북 20대'
의 주인을 찾아야 한다.

그런데 어떻게든 찾아냈다. 그 소유자에게 "뭐랑 교환하실
래요?"라고 묻는다. 그랬더니 "글쎄요, 청조의 청자라면 괜찮
을 것 같군요"란다. 그래서 이번에는 청자를 찾는 여행을 떠나
게 되었다. 그리고 청조의 청자를 가지고 있는 사람을 찾아냈
다. 그러자 그 사람이……

이런 식으로 '욕망의 이중적 일치'가 지배하는 교환의 세계
에 머무는 한, 내가 어딘가에서 '그것'과 찹쌀떡 4만 개를 바꿔
줄 상대를 만나지 않으면 나는 원하는 물건을 손에 넣을 수 없
다. 그런데 그 확률은 한없이 제로에 가깝다. 다시 말해 나는
BMW와 가치가 같은 찹쌀떡을 가지고 있음에도 불구하고 그
것을 교환할 수 없다.

교환하지 못하는 물건을 4만 개나 가지고 있어 봤자 별 수
없으니, 나는 처음부터 찹쌀떡을 내가 먹을 만큼만 만들 것이
다. 마찬가지로 BMW나 파워북도 아무도 만들지 않는다.

---

* 애플사에서 1991년에 발매한 노트북형 매킨토시.

따라서 '먼저' 상품이 있고 그것을 효율적으로 교환하기 위해 화폐가 생겼다는 식으로 생각하면 안 된다. 순서가 반대니까.

'먼저' 화폐가 있고, 그 덕분에 인간은 찹쌀떡이나 BMW 같은 '상품'을 만들어내게 된 것이다.

이것이 돈에 대해 생각할 때의 기본이다.

인간은 '물건'이 아니라 '돈'을 먼저 만들어냈다.

무언가를 지나치게 많이 만든 나머지 그것이 남아돌아서 부족한 물건과 교환하러 내놓은 게 아니다(사회 교과서에는 그렇게 쓰여 있을지 모르겠지만 그건 거짓말이다). 돈이 생겼기 때문에 무언가를 잔뜩 만들어서 남길 수 있게 된 것이다.

'교환'이란 커뮤니케이션이다. '말'을 교환하면 그것은 언어활동이 된다. '여자'를 교환하면 그것은 친족조직이 된다. '재화와 서비스'를 교환하면 그것은 경제활동이 된다. 인간과 다른 동물을 구별하는 표지는 인간이 이 세 가지 수준에서 교환을 행한다는 것, 단지 그뿐이다. 말을 주고받고 사랑을 나누고 돈을 교환하는 존재. 그것이 '인간'의 정의다(내가 한 말이 아니다. 레비스트로스가 그렇게 말했다).

그러므로 돈은 중요하다.

돈은 교환하기 위해 존재한다. 그것이 무엇을 위해 존재하는지 잊은 채 항아리에 담아서 마루 밑에 묻어두거나 정기예금 잔고를 바라보며 엷게 미소 짓는 행동은 그다지 현명하게 돈을 다루는 방식이라고는 할 수 없다.

돈은 교환을 위해, 커뮤니케이션을 위해 존재한다. 인간과 인간이 커뮤니케이션을 하기 위해, 인간과 인간을 연결하기 위해, 인간이 무언가를 만들어낼 '마음을 먹게 하기' 위해 '돈'은 존재한다. 돈이 있기 때문에 인간은 '나는 대체 어떤 〈여분의 것〉을 만들어낼 수 있을까?'라고 생각하게 된다. 자신의 재능, 자원, 정보, 기술…… 그런 것을 손바닥 위에 올려놓고 무게를 잰 뒤 그것을 써서 '무엇을 할 수 있는지'를 생각하게 된다. 그런 식으로 인간을 만드는 것이 '돈'의 역할이다.

내가 누구인지는 내가 만들어낸 것, 그것이 사회적 네트워크 속에서 가지는 의미와 가치로 결정된다(마르크스는 그것을 '노동'이라 불렀다).

노동 이전에는 나는 '아무것도 아니다'.

모리스 블랑쇼는 작가에 대해 이렇게 썼다.

작가는 그 작품을 통해 자신을 발견하고 자신을 실현한다. 작품 이전에 작가는 자신이 누구인지 모르며 실제로 아무것도 아니다. 작가는 작품을 기점으로 존재하기 시작한다.

이 문장 속의 '작가'를 '인간'으로, '작품'을 '노동'으로 바꾸어 읽어보자.

인간은 그 노동을 통해 자신을 발견하고 자신을 실현한다. 노동 이전에 인간은 자신이 누구인지 모르며 실제로 아무것도 아니다. 인간은 노동을 기점으로 존재하기 시작한다.

돈은 우리를 노동으로 향하게 한다. 돈은 우리가 '무언가를 만들어낼' 계기를 만드는 최초의 '일격'이다. 돈이 존재했기 때문에 교환이 시작되었고 상품이 만들어졌으며, 그 결과 우리는 노동을 통해 자신이 누구인지를 알 수 있게 되었다.

인간은 상품이 아니라 먼저 화폐를 만들어냈다. 화폐 덕분에 상품이 발생했고 교환이 시작되었다. 그리고 마지막에 '교환을 하는 존재'로서 '인간'이 탄생했다. 보시는 대로 인간과 화폐와 상품과 교환은 고리를 이루고 있다. 그러므로 엄밀히 말하자면 '인간이 화폐를 만들어냈다'는 것은 부정확한 말이다.

그도 그럴 게, 화폐 이전에 '인간'은 존재하지 않았으니까.

제3회 월급에 대해

제가 생각하는 '나의 유통가치'와 '실제로 배분받는 돈'이 일치하지 않아요.
특히 다른 사람과 비교해보면 월급과 실제 일 사이에서 불균형을 느낍니다.
하지만 "나도 젊은 시절에는 참았으니까" "이게 사회야"라는 말로 이야기가
끝나버립니다. 어떻게 하면 좋을까요?

  자신이 받는 월급과 실제 일의 무게가 비례하지 않는 것이
불만이구나.

  나는 이렇게 열심히 일하는데 쥐꼬리. 저 사람은 변변한 일
도 하지 않는데 꽤나 받고 있다, 이건 불공평하다, 이런 말이
하고 싶은 거지.

  과연, 젊은 사람이 할 법한 말이다.

  하지만 유감스럽게도 그 말은 별로 정확하지 않다.

  월급에는 '불공평'이라는 게 없다.

  있는 것은 '월급이 적다'는 사실뿐이다.

  자신이 받는 월급이 '내 능력에 비해 많다'고 생각하는 사람
은 거의 없다. 자신이 받는 월급이 '내 능력이 잘 평가된 적정
금액이다'라고 생각하는 사람도 별로 없다.

  세상 사람 99퍼센트는 '내 월급은 부당하게 적다'고 생각한

다. 자신의 능력이 부당하게 낮게 평가되고 있다고 생각한다.

그러므로 그대 곁에 '그대보다 일도 못하는 주제에 그대보다 많은 월급을 받는 사람(가령 스즈키라 해두자)'이 있다고 하자. 이 스즈키가 그대보다 많은 월급을 받고 만족하는가 하면, 물론 그도 전혀 만족하고 있지 않다. 스즈키 역시 자신의 '월급이 적다'는 데 대해 마음속 깊이 화내고 있다는 점에서는 그대와 완전히 같다. 혹은 수입이 적은 그대의 대우를 부러워할 수도 있다.

'내가 이렇게 일하는데 야마다(그대 말일세)는 변변한 일도 하지 않고 아무런 책임도 지지 않아. 그런데 꽤 많은 알바비를 받고 있지. 좋겠다, 야마다는. 그 녀석 1시간 가운데 실질적으로는 5분밖에 일 안하잖아. 좋겠다, 야마다는. 그만두고 싶을 땐 언제든 그만둘 수 있고(나는 대출이 있으니 때려치우고 싶어도 못 그만두는데)……'라고 스즈키가 생각한다 해도 전혀 이상하지 않다.

스즈키의 이런 생각은 그대의 생각과 마찬가지로 딱히 틀리지 않았다.

원래 그런 법이니까.

들으면 놀랄 수도 있지만, 실은 그대보다 많은 월급을 받는 사람조차 대부분 '내 능력은 부당하게 저평가되고 있으며, 나는 원래 내 능력에 지불되어야 할 임금보다 훨씬 적게 받는다'

고 생각한다.

그대만이 아닐세. 안심했나?

딱히 안심할 일은 아닌가.

그러면 사고방식을 바꿔서 왜 이런 일이 일어나는지를 생각해보자.

먼저 질문.

그대는 능력주의 사회를 희망하나?

그대는 그대의 능력이 엄정하고 적절하게 평가되어 그야말로 그에 딱 들어맞는 월급을 받고 싶다고 바라나?

바란다고? 정말로?

흠, 진짜 그럴까.

보통 회사에서 일하면 인사고과라는 것을 받는다. 상사가 그대의 근무 태도를 체크해서 그것을 바탕으로 승진이나 승급이 결정된다.

이 인사고과가 적정하게 이루어진다고 믿는 사람은 세상에 별로 없다.

대부분의 샐러리맨은 자기보다 동료가 빠르게 진급하여 출세하면 '나보다 능력이 좋아서 그것이 적정하게 인사고과에 반영되었기 때문이야'라고는 생각하지 않는다.

딱히 별다른 능력이 있는 건 아니지만 우연히 '상사의 마음에 특별히 들어서'라고 해석하는 게 일반적이다.

마찬가지로 자신의 출세가 늦는 것에 대해서는 '남보다 능력이 떨어져서 그것이 적정하게 평가되었기 때문이야'라고 생각하는 사람은 거의 없다. 일단 하나도 없다, 라고 말씀드려도 좋으리라.

내가 출세를 못하는 건 그저 상사가 나를 별로 좋아하지 않아서일 뿐이다. '별로 좋아하지 않는' 이유는 일을 못해서가 아니라 '일을 너무 잘해서'고, 머리가 나빠서가 아니라 '머리가 너무 좋아서'이며, 성격이 나빠서가 아니라 '성격이 너무 좋아서'다.

보통 사람은 그런 식으로 생각한다.

머리가 너무 좋아서 그만 상사의 실수를 지적하고, 일을 너무 잘해서 그만 동기의 질투를 사고, 업무 지도가 너무 엄격한 탓에 그만 후배가 멀리한다…… 그래서 좀체 출세하지 못한다는 식으로 생각하는 것이다. '내 출세가 늦다'는 데 내심 불만을 품고 있는 샐러리맨의 99퍼센트는 그렇게 생각한다.

하지만 그렇다고 불같이 화를 낼 일은 아니다.

세상이 그런 곳이라는 체념 또한 99퍼센트의 사람이 공유하고 있으니까.

생각해보면 분명 상사도 사람. 명절 선물, 연말 선물을 보내는 마음 씀씀이에 나쁜 기분은 들지 않을 것이다. 부하가 사장의 친척이라면 인사고과 점수를 좀 높게 매기는 일도 있으리라. 잘 치켜세워주는 아부쟁이 사원과 직언을 꺼리지 않는 카리스마 사원이 있다면 아부쟁이 녀석을 좋아하는 일도 있겠지. 확실히 사람은 약한 존재다. 상사라 해도 그 정도는 눈감아줘야겠지.

보통 샐러리맨은 이런 식으로 생각하며 인사고과의 '불공평'을 나름대로 합리화한다.

틀림없이 샐러리맨 대부분은 인사고과의 '불공평함'을 몹시 비난한다.

하지만 '인사고과가 엄정하지 않다'는 바로 그 사실 덕분에 자신의 시원찮은 업무 성과가 정당화된다는 점은 편하게 잊고 있다. 그는 인사고과가 불공평하며 신용할 수 없다는 사실로부터 불이익과 동시에 이익도 얻지만, 그 부분은 홀랑 까먹고 있는 것이다.

상상해보시라. 그대가 바라듯 인사고과가 실로 엄정하다면 어떻게 될지를. 나이도 가족구성도 근무연수도 학력도 무엇도 관계없이 순수하게 '능력만'으로 월급과 직급이 결정되는 회사에서 근무할 경우 어떤 일이 일어날까.

그때 회사 내부의 모든 위계 차이와 월급 차이는 그대로 '공공연히 드러난 인간적 능력 차이'가 된다.

그렇겠지?

능력주의 회사에서 인사고과가 엄정하게 이루어졌으니까.

그대보다 월급이 만 엔 많은 옆자리의 스즈키는 그대보다 만 엔만큼 '인간적 능력이 뛰어나다'는 뜻이 된다.

그렇지? 그런 규칙으로 월급을 받으니까.

"어이, 나보다 만 엔만큼 무능한 야마다. 이거 복사해줘"라는 스즈키의 업무 명령에 그대는 "네!" 하고 따라야 한다.

이것은 어떤 면에서는 상당히 스트레스 가득한 상황이라고 생각하지 않는가?

만약 스즈키가 그대보다 반년 빨리 입사했다거나, 그대는 독신이지만 스즈키에게는 가정이 있다거나, 그대는 고등학교 중퇴지만 스즈키는 대졸이라거나, 이런 '업무 능력과는 관계없지만 이제까지 급여 평가의 기준이 되었던 차이'가 인사고과 데이터에 들어 있다면 그대는 만 엔의 월급 차이를 전혀 신경 쓰지 않고 지낼 수 있었겠지. 스즈키는 무능하지만 반년 빨리 입사했으니까. 만 엔 정도의 '불공평'은 허용 범위 안에 있다.

하지만 그런 데이터를 전부 무시한 채 '순수하게 업무 능력만으로 월급을 정하는' 회사에 그대는 스스로 희망해서 입사한 것이다.

'적정한 인사고과에 따른 완전한 능력주의 사회'는 완전한 '지옥'이다.

왜냐하면 거기서는 그대의 월급이 적은 것에 대해서든 직급이 낮은 것에 대해서든, 평가에 관한 어떤 '변명'도 도무지 통하지 않을 테니까.

월급이 적은 것은 명백하게 '능력이 보잘것없다'는 기호이며 그 이상도 이하도 아니다.

이제 이유를 알겠지.

어째서 세상의 모든 샐러리맨이 '내 능력은 부당하게 저평가되고 있다'는 불만을 품고 있으면서도 여전히 완전한 능력주의 사회의 도래를 바라지 않는지.

인사고과가 적정하게 이루어지지 않는 데서 그들은 전체적으로는 인사고과가 적정한 경우보다 더 큰 이익을 이끌어내고 있기 때문이다.

인사고과가 엉터리이기 때문에 그들은 '내 능력은 지금 평가되고 있는 것보다 훨씬 더 훌륭해'라는 달콤한 환상 속에 잠길 수 있다. 그리고 바로 '내 능력은 적정하게 평가되지 않았으며 내 월급은 원래 받아야 할 액수보다 훨씬 적다'고 믿기 때문에 그들은 그 '적은 월급'을 견딜 수 있는 것이다.

인간이란 그런 생물이다.

그런 슬프면서도 꽤나 '교활한' 생물이다.

그대는 자신의 월급이 '부당하게 적다'고 생각한다.

그렇게 생각하는 것은 생존 전략상으로는 옳다.

그렇게라도 생각하지 않으면 그대는 그 '적은 월급'을 견딜 수 없을 테니까.

현재 시급이 그대의 노동에 대한 '적정한 대가'라는 사실을 깨달으면 그대의 자기애, 자존심, 장래의 꿈을 비롯한 모든 것이 흔적도 없이 사방으로 흩어져버릴 테니까.

요즘은 이런 단어를 쓰는 사람이 없어졌지만, 한때 '아카데믹 허레스먼트academic harassment'라는 말이 있었다는 것을 기억하는가.

대학의 선생이 제자들의 업적을 평가할 때 개인적인 호불호를 기준으로 판정하기 때문에 능력이 있으면서도 부당하게 낮은 평가를 받는 연구자가 (특히 여성 가운데) 많으니 이것을 시정하라는 주장이었다.

나는 대학 선생이니까 단언할 수 있는데, 제자의 연구 능력을 공정하게 평가하는 선생은 존재하지 않는다. 존재하지 않는 것을 "존재하지 않아"라며 화를 내도 곤란하다.

능력 평가란 지극히 부정확한 것이다. 학술논문은 어떤 면에서는 예술작품과 같은 것이므로, 그 완성도의 '좋고 나쁨'에 대한 판단은 감상자의 '취향'에 크게 의존한다. 어떤 권위자가 절찬하는 논문을 다른 권위자가 혹평하는 일은 일상다반사다.

내 연구도 오랜 세월 학계에서는 누구 하나 평가해주지 않는 '쓰레기 논문'으로 오물처럼 취급받았다. 하지만 다른 한편에서는 "당신이 쓰는 글은 참으로 개성적이더군"이라고 말해주는 분도 조금은 있었다. 딱히 내 연구를 높이 평가해준 학자야말로 안목 있는 분이며 내 연구를 깔본 학자는 바보 천치라는 말을 하려는 건 아니다.

취향이 달랐던 것이니 어쩔 수 없다. 이는 미술이나 음악이나 문학 작품에 대한 한 사람 한 사람의 호불호에 보편성을 기대하면 안 되는 것과 마찬가지다.

완전히 공정한 능력 평가에 바탕을 둔 완전능력주의 사회란 있을 수 없으며 있어서도 안 된다. 그것은 인간의 '자부심'을 철저하게 파괴하는 사회다. 그것은 구성원 대부분이 '살아갈 기력'을 잃어버리고 조직의 사기가 치명적으로 떨어지는 사회다. 그러므로 우리는 그런 사회의 도래를 사실은 바라지 않는다.

제4회 업무 의욕에 대해

노동을 통해 자신이 누구인지 알게 된다는 것, 그 점은 저도 잘 알았습니다. 하지만 윗사람들을 보고 있으면, 처음에는 그렇게 생각했더라도 오랜 세월 일하다보면 그것만으로는 업무 의욕을 유지하기 어려운가 싶기도 합니다. 불황이나 디플레이션이 이어지면 월급도 낮아지겠지요. 윗사람들은 그 때문인지는 모르겠지만 어쩐지 패기가 없어 보입니다. 게다가 무엇보다 그로 인해 업무 질이 떨어지는 것처럼 느껴져서 견딜 수 없습니다.

월급이 점점 낮아지는 가운데 업무 의욕을 유지하면서 일의 질도 떨어뜨리지 않고 해내는 게 가능할까요?

전후 반세기 동안 이어진 '끝없는 상승'의 신화가 끝나고, 결국 21세기 들어 '월급이 낮아지는' 시대가 시작되었다.

딱히 하늘이 놀라고 땅이 뒤흔들릴 대사건은 아니다.

나는 원래 "……의 시대가 끝난다"는 말을 어린 시절부터 몹시 좋아했다.

열여섯 살 때는 "안일한 전후민주주의 시대가 끝나고 격동의 혁명 투쟁 시대가 시작된다"는 말을 듣고 너무도 기뻤던 나머지 그대로 고등학교 교문을 뛰쳐나오고 말았다. 스무 살 때는 "화려한 60년대가 끝나고 앞으로 어둡게 내공內攻하는 70년대가 시작된다"라기에 고개를 숙이고 닐 영을 듣게 되었다. 서른 살 때는 "남성이 지배하는 시대는 끝나고 자립하는 여성의 시대가 시작된다"는 말을 듣고 아기 기저귀를 가는 데서 삶의 보람을 찾는 남자가 되었다. "버블경제가 꺼져서 열도의 물거품 같은 나날이 끝났다"라고 들었을 때는 즉시 가모노 조메이나 요시다 겐코 같은 가마쿠라 시대 시인의 글을 읽기 시작했다.

나는 그것이 무엇이든 '……의 시대가 끝나고' 만사가 리셋되는 게 좋다.

그래서 끝없는 상승의 시대가 끝나고 월급이 낮아지는 시대가 시작되어도, 시대가 변했다는 것만으로 이미 기분이 좋아진다.

세상만사가 원래 그런 법이니까.

어떤 패권국가든 반드시 멸망한다. 로마제국이나 당나라나 몽골제국까지 갈 필요도 없이 근세만 해도 스페인과 포르투갈이 세계를 지배했고, 이어 영국이 '해가 지지 않는 식민지제국'을 건설했으며, 그 뒤 나치스 독일이 유럽에서 군림했다. 지금 몽골의 GDP가 어느 정도인지, 포르투갈의 국제사회 발언력이 어떤지를 생각해보면 '흥망성쇠는 세상의 이치'라는 사실은 누구든 알 것이다.

나는 이제 세계 초강대국인 미국도 이미 쇠퇴기에 접어들었다고 본다. 21세기 중반쯤이면 '팍스 아메리카나'는 벌써 사어가 되어 있으리라.

세상만사 그런 법이다.

하지만 그저 "어쩔 수 없어"라고 단언하기만 해서야 재미가 없다. 어째서 모든 제국이 멸망하고 모든 번영의 시대에는 끝이 오며 운수대통이었던 선망의 기업이 갑자기 파산하는지, 그 이유에 대해 생각해보자.

기업의 경우를 생각해보면 이해가 쉽다.

나는 20대 시절 회사를 경영해봐서 잘 아는데, 기업은 전반적으로 창업자와 창업 당시의 직원이 가장 우수하다.

창업자는 기존 기업이 시도하지 않았던 비즈니스 모델을 생각해낸 사람이니 창의력을 갖추고 있다. 그럭저럭 능력이 있으면서도 구태여 월급쟁이의 길을 박차고 나와 홀로 걷는 위험을 선택했으므로 자립심도 왕성하다.

창업자가 우수하면 사업은 성공하고 기업은 급성장한다.

이 급성장 과정에서 매월 '인력이 부족한' 사태가 일어난다. 그래서 이 '고양이 손이라도 빌리고 싶은 시기'에, 근처를 어슬렁거리던 '고양이 손보다는 조금 나은' 반 한량 같은 젊은이들이 이 기업에 우르르 들어오게 된다. 창의력이나 자립심은 창업자만큼 갖추고 있지 않지만, 본바탕이 '반 한량'이므로 그 시대의 지배적인 가치관을 순순히 따르지 않으며 살짝 비뚤어진

데다 상당히 수상한 인맥이나 의외의 비법을 가지고 있다. 아르바이트를 할 생각으로 왔지만 회사가 급성장하는 통에 어느 틈에 깊숙한 곳까지 발을 내디디고 만 이런 젊은이들이 몇 년 지나면 관리직이 되어 기업의 중심 부대가 된다.

여기까지는 기업으로서는 상당히 좋은 전개다. 하지만 이 뒤로 사정이 완전히 달라진다.

기업이 성장하고 주식이 상장되어 사장의 얼굴 사진이 경제 신문에 뻔질나게 나오게 되면, 이 회사로 '이제껏 온 적 없는 타입의 젊은이들'이 모여든다. 도쿄대나 히토츠바시, 와세다나 게이오를 나온 '공부 잘하는 아이들'이 '귀사의 장래성'을 기대하며 우르르 몰려드는 것이다. 그 즉시 구직 지원율은 쑥쑥 올라가게 된다.

인사의 어려움은 여기에 있다.

'약간 명 채용'에 구직자가 천 명이나 몰리면 모두를 아르바이트생으로 일단 뽑은 뒤 장래성 있는 녀석만 남기는 식의 느긋한 진행은 할 수 없다. 서류전형에서 적어도 백 명으로 후보를 줄이고 싶다. 그렇다고 '도쿄대 경제학부 졸업'이나 '하버드대 로스쿨 졸업'이라는 학력을 가진 응시자를 서류전형만으로 떨어뜨릴 수도 없다. "뭐, 떨어뜨리더라도 한번 만나봐야지"라고 하게 된다. 도쿄대 졸업생 '이라서' 채용하고 싶은 것은 아니지만 도쿄대 졸업생 '이라서' 떨어뜨리는 심사는 할 수 없다. 만약 백 명이면 백 명 모두 '서류심사만으로 떨어뜨릴 수 없는' 고학력 후보자라면, 자연히 삼류대학이나 전문대 졸업생에게는 처음부터 면접을 볼 기회조차 이제 없어지게 된다.

어지간히 방침이 잘 세워진 기업이 아니고서야 모두 이 길을 걷게 된다. 요컨대 창업자들 같은 자립심도 없고 급성장기의 사원처럼 괴짜도 아닌, '큰 권력, 많은 정보, 높은 임금'에야말로 가치가 있다고 믿어 의심치 않는 모범적인 '예스맨'들이 거의 배타적으로 신입사원 무리를 형성하게 된다.

이리하여 기업은 '기백 있는 창업자' '태평한 관리직' '성실한 신입사원'으로 노년, 장년, 청년이 어우러진 아름다운 삼색기 상태일 때 전성기를 맞이한다. 그리고 창업자 세대와 태평한 세대가 은퇴하여 '예스맨'만 남게 되었을 때, 회사는 예외 없이 곧장 쇠퇴의 길로 들어서게 된다. 도산하는 기업은 거의 모두가 이 패턴을 따라간다.

조직은 다양한 요소가 뒤섞여 있을 때 가장 활기가 넘친다. 이 점은 누구나 아는 사실이다. 하지만 그렇게 번창한 조직에 나중에 모여드는 개인은 '먹음직한 이야기가 있다'는 말에 이끌려 오는 '먹음직한 이야기' 지향형, 사리추구형 개인이므로 그 조성이 매우 균질하다. 그리하여 아무리 활기차고 다양성 넘치는 조직이라도 불과 몇 세대 만에 꼭대기부터 바닥까지 권력과 정보와 임금에'만' 관심을 두는 개인으로 가득 차게 되는 것이다.

사리사욕이 나쁘다는 말은 아니다. 그런 개인이 일정 비율 조직에 포함되어 있는 편이 조직의 생존 전략상 유리한 시기도 있다. 그러나 사리사욕을 추구하는 사람들'만' 남게 되면 조직은 더 이상 굴러가지 않는다.

역사가 증명하는 바는 모든 조직은—세계 제국부터 자본주의 기업까지—다양성을 유지할 때 번성하고, '번성하고 있다'는 이유 때문에 균질한 개인을 결집시키며, 그 결과 조직으로서의 다양성을 잃고 쇠퇴한다는 사실이다.

질문에 있는 '업무 의욕을 잃은 윗사람들'이 어떤 과정을 거쳐 나온 존재인지에 대한 설명은 이로써 어느 정도 되었으리라.

'큰 권력, 많은 정보, 높은 임금'을 줄 수 있는 기업은 원리적으로 말해 '성공한 기업'이다. 따라서 앞서 이야기한 '흥망성쇠의 법칙'에 따라, 이 기업은 몇 년에서 몇십 년 안에 조직의 우두머리에서 말단까지 '큰 권력, 많은 정보, 높은 임금'에 커다란 의미를 부여하는 사람들로만 구성되게 된다. 그런 기업에는 독창적인 연구 재능을 가진 사람도, 새로운 비즈니스 모델을 발견해내는 직관을 가진 사람도, 지배적인 가치관에 회의를 품는 사람도, 의외의 것을 연결시키는 네트워크를 가진 사람도 더 이상 없다. 누군가가 악의를 가지고 배제하는 게 아니라, 그런 사람들이 구조적으로 다가오지 않게 되는 것이다. 이리하여 기업은 내리막길로 접어들고, 거기서 일하는 사람들은 '보다 적은 권력, 보다 적은 정보, 보다 싼 임금'이라는 축소 재생산의 과정에 발을 들여놓게 된다.

그대가 푸념하는 '패기 없는 상사'들은 이 축소 재생산 과정에 이미 들어서버린 자들이다.

안됐지만 그들에게 미래는 없다.

그 사람들이 다시 한 번 업무 의욕을 회복하고 억척스럽게 일에 몰두할 가능성은 네덜란드나 스페인이 '세계 제국'으로 되돌아올 가능성과 마찬가지로 낮다. 어쩔 수 없다. 바로 그들을 일하게끔 내몬 동기('큰 권력, 많은 정보, 높은 임금'에 가치를 두는 사고방식) 자체가 그들이 속한 조직을 활기 없는 곳으로 만들어버렸으니까.

마지막 질문에 대한 답도, 따라서 별로 낙관적일 것 같지는 않다.

"월급이 점점 낮아지는 가운데 업무 의욕을 유지하면서 일의 질도 떨어뜨리지 않고 해내는 게 가능할까요?"

대답은 '아니요'다.

월급이 낮아지는 것과 업무 의욕이 떨어지는 것이 연결되어 있다는 점에서도 그 아저씨들에게는 이미 미래가 없다.

질 높은 일을 하는 사람에는 몇 가지 부류가 있다.

'재미있을 것 같아서' '한가해서' '부탁받았으니까' '나를 알아준다고 느꼈으니까'처럼 아무래도 좋은 이유로 일을 하는 사람, 대개는 이런 사람들이 가장 '질 높은 일'을 한다.

'대가가 괜찮으니까'라는 이유로 일의 질을 높일 수 있는 사람도 있다. 하지만 이는 대가가 낮아지면 같은 비율로 품질이 떨어진다는 뜻이다. 경기가 후퇴하는 상황에서 일의 질과 일의 대가를 연결시키는 사람이 뛰어난 업무를 하는 것은 이론적으로 불가능하다. 만약 그대의 상사가 '그런 작자'라면, 나쁜 말은 하지 않겠다. 얼른 이직을 고려하는 편이 좋을 것이다.

제5회 이직에 대해

사내 개혁을 해서 소속된 조직을 조금이라도 좋게 만들어야 할까요? 아니면 조직을 뛰쳐나와 이직하거나 벤처라도 만들어야 할까요? 원래 이 양자택일밖에 없는 걸까요? 주위에서 자주 듣는 질문입니다. 대부분은 조직을 그만두고 프리터가 되거나 사업을 시작하거나 공부를 위해 조금 더 조직에 머무르는 길을 선택합니다. 물론 회사는 그런 곳이라고 포기하고 지내는 사람도 있어요. 애초에 사내 개혁이라는 게 가능한 걸까요?

질문은 '이직해야 할까, 버티면서 사내 개혁을 해야 할까'라는 취지인데, 이것은 꽤나 긴 이야기가 될 성싶으니 이번에는 일단 전편으로서 '이직'에 대해서만 생각해보려 한다.

"이직하고 싶은데요……"라는 말에 우리는 어떻게 답해야 할까.

자신이 일하는 환경에 아무래도 납득이 가지 않는 경우는 있다. 있는 게 당연하다.

상사가 무책임하거나, 동료가 멍청하거나, 클라이언트가 횡포를 일삼거나, 월급이 절반으로 깎였거나, 사사社史 편찬실로 이동하게 되었거나, 사내 불륜이 들켰거나…… 갖가지 이유로 사람은 '이제 그만둬버릴까……'라는 생각을 한다.

이것은 그야말로 자연스러운 일이다.

하지만 이런 경우 "이제 어떻게 하면 좋을까요?"라고 물어도 모두에게 타당한 대답이 있을 리 없다.

당연하다.

만약 그대가 상사 앞에서는 두드러기가 나거나, 회사가 가까워지면 구역질이 나거나, 아침에 일어났을 때 격렬하게 배가 아프다면 즉시 이직하거나 되도록 오랫동안 먼 곳에서 요양하기를 권한다(하와이나 발리 말이다).

또 만약 그대에게 적당한 능력과 인맥, 사회적 신용, 풍부한 정기예금 잔고가 있다면(이 가운데 두 가지라도 갖추고 있다면) 이 역시 즉시 이직하기를 권한다.

그런데 이런 분들이라면 나에게 묻기 전에 벌써 이직했을 것이다.

요컨대 "이직하지 않으면 병에 걸릴 거야(이미 걸렸지만)"라는 분과 "이직해도 문제없어"라는 분을 전체에서 뺀 나머지 분들이 나에게 앞의 질문을 한다는 뜻이다.

솔직하게 말씀드리겠다.

'이직할지 말지 망설이는 사람'은 '반드시 이직해야 하는 상황까지는 내몰리지 않았으며' 또한 '이직해도 성공할 확률이 낮은 사람'이다.

이 점은 납득하시리라. 이런 사람에게는 '앞으로 가도 지옥,

뒤로 가도 지옥'이라는 별로 신통치 않은 선택지만 남아 있다.

그러므로 나의 대답은 "어느 쪽이든 마찬가지예요"다.

지나치게 솔직해서 죄송하다.

얼마 전 어느 비즈니스 잡지로부터 〈결단의 때〉라는 특집에 대한 코멘트를 부탁받았다. 인터뷰하러 온 기자는 "올바른 결단을 하려면 어떻게 해야 할까요?"라는 질문을 내게 던졌다.

나는 이렇게 대답했다.

"결단은 되도록 안 하는 편이 좋습니다. 왜냐하면 '결단을 해야 한다'는 것은 이미 선택지가 한정된 상황으로 내몰렸다는 뜻이니까요. 선택지가 한정된 상황으로 내몰리지 않는 것, 이것이 '올바른 결단을 하는 것'보다 훨씬 중요한 일입니다."

인터뷰하러 온 기자는 얼마간 멍하니 내 입언저리를 바라보다 고개를 흔들고는 그대로 다른 질문으로 넘어갔다. 아마 내 말의 의미를 그다지 잘 이해하지 못한 모양이었다. 나는 이때의 인터뷰 답변을 이번 질문에서 다시 한 번 되풀이하고 싶다.

그대가 지금 '이직할지 말지 결단할 때'를 맞이했다면, 그것은 이미 '너무 늦었다'는 뜻이다.

상황이 그대에게 '선수'를 친 것이다.

구체적인 예를 생각해보면 아시겠지만, "조기 정년퇴직으로 퇴직금을 좀 더 많이 받고 지금 바로 그만두는 것과 정년까지 월급이 절반으로 깎이는 것 중 어느 쪽이 좋겠나?"와 같은 질문에 내몰려 곤란해지는 것은 '결단'도 무엇도 아니다. 이는 "이제 드디어 사형 집행 시간이 되었다. 자, 그대는 악어에게 잡아먹혀 죽는 것과 아나콘다에게 삼켜져 죽는 것 중 어느 쪽이 좋겠나? 그대에겐 선택권이 있다네"라고 선고받는 것이나 마찬가지다. 그런 것을 우리는 '결단'이나 '선택지'라고 부르지 않는다.

지적 노력은 '악어와 아나콘다 중 어느 쪽이 좋은가?'처럼 비생산적인 선택에서 적절한 판단을 내리기 위해서가 아니라 '어떻게 하면 그런 선택에 맞닥뜨리지 않고 넘어갈 수 있는가'에 집중되어야 한다. 오른쪽에는 악어, 왼쪽에는 아나콘다가 있는 갈림길까지 질질 끌려가는 사람은 그 전의 중요한 결단에서 거듭 잘못을 범했기 때문에 그에 대한 청산을 재촉당하는 것뿐이다.

'곤란한 결단에서 언제나 정답을 맞히는' 능력은 우리에게 없으며, 그런 능력을 기를 수 있는 사람도 없다. 하지만 '곤란한 결단을 재촉당하는 상황으로 내몰릴 가능성을 검토하여 위험을 사전에 회피하는 것'이라면, 그것을 위한 능력은 우리 모두 잠재적으로 갖추고 있으며 그 능력을 기르는 일도 가능하다.

이를테면 '무책임한 상사, 멍청한 동료, 심술궂은 클라이언트'라는 인적 요소는 실제로 그런 대상을 만나서 빼도 박도 못하는 관계가 되기 전에 찾아낼 수 있다.

나는 영업맨으로 일한 적이 있어서 경험으로부터 말씀드릴 수 있는데, '몹쓸 회사'는 모든 면에서 엉망이다. 그러므로 '아, 여기는 몹쓸 회사구나'라고 금방 알 수 있다.

그런 회사는 입주해 있는 빌딩의 접근성이 떨어지고, 계단이 어둡고, 복도에는 쓰레기가 흩어져 있으며, 화장실은 더럽고, 안내 데스크의 여직원은 무뚝뚝하고, 말단 직원은 건방지고, 과장은 입 냄새가 심하며, 사장은 자신이 얼마나 돈벌이에 능한지만 이야기한다. 물론 납품하는 일의 질은 최악이고 납품에 대한 대금 지급도 엉망진창이다. 이 부분은 사원이 5명인 회사든 5천 명인 회사든 기본적으로 마찬가지다. 그런 회사에서는 여기저기서 '썩은 내'가 떠돈다.

그런 회사와의 거래는 어느 틈에 저절로 줄어든다(영업이든 미팅이든 그 회사로 발걸음을 할 마음이 '왠지' 들지 않으니까). 머지않아 '그 회사에서 경리과장이 10억을 횡령했다고 한다' '사장이 담합 행위로 체포되었다고 한다' '유통기한을 속여서 영업 정지를 먹었다고 한다' '업적 부진으로 폐업했다고 한다'는 이야기를 신문을 통해 흘려듣게 된다.

그 당시 내가 신참 영업맨으로서 도무지 이해가 안 되었던 것은 '어째서 이렇게 썩은 내를 풍기는 회사에 들어오는 신규 졸업자가 있는가?'라는 점이었다. 여기가 아니라도 얼마든지 기분 좋은 회사, 스마트한 경영자가 있는 회사, 웃음소리가 끊이지 않는 회사, 무럭무럭 성장할 것 같은 회사가 있는데, 어째서 정확히 노린 듯이 장래가 캄캄한 '이런 회사'에 들어오는 것일까.

나는 생각했다. 그리고 깨달았다.

'이런 회사'에 들어온 그대는 요컨대 '코가 안 좋은' 것이다. 이 '썩은 내'를 알아차리지 못할 정도로 둔감한 것이다.

아마 자본금이나 연간 매출액이나 초봉이나 통근시간이나 잘 갖추어진 복리후생 시설이나 '귀사의 장래성' 같은 디지털 수치만 보고 회사를 골라서, 그곳이 '썩었다'라는 누구라도 알 수 있는 사실을 눈치채지 못한 것이리라.

하지만 그때 그대는 자기도 모르게 '결단'을 한 것이다. '멸망을 향한 길'의 첫 걸음을 스스로의 의사로 선택한 것이다. 그러니 몇 년 뒤 그대가 '이런 회사에 있어봤자 소용없으니 이직할까'라고 고민하는 것은 당연하다.

고민 자체는 나쁜 일이 아니다. 하지만 그때 '나는 과거에 한 번 부적절한 결단을 했다'는 자기 역사의 오점을 직시하는 것을 잊어서는 안 된다. 그대는 일찍이 한 번, 스스로의 의사로 잘못된 결단을 자진해서 내린 사람이다. 그 사실에서 눈을 돌리면 그대에게 미래는 없다.

그대가 앞으로의 인생에서 두 번 다시 치명적인 실패를 저지르지 않기를 진정 바란다면, 이런 결단으로 내몰리는 국면에 이른 자기 자신의 '첫 번째 부적절한 결단'을 반성해야 한다. '나는 언제, 어떤 식으로 결단을 잘못 내렸나', 이것을 스스로에게 물어야 한다.

실패의 유일한 의의는 그로부터 배울 수 있다는 점이다. 실패로부터 아무것도 배우지 않는 인간은 그 뒤에도 실패를 거듭하게 된다.

이직은 '이혼남'이 재혼을 앞두고 결단을 망설이며 고민하는 것과 비슷하다.

이미 한 번 결혼에 실패했다는 것은 이 남자가 '여자를 보는 눈이 없거나' 혹은 '여자와 공동생활을 못하거나' 아니면 둘 다라는 뜻이다.

만약 이 '이혼남'이 이번에야말로 잘 해보기를 바란다면, 자신이 처음에는 왜 실패했는지 그 문제점 발견과 개선에 진지하게 몰두해야 한다는 점은 어느 분이든 이해하시리라.

이직을 생각하는 사람도 이와 마찬가지다. 그는 '직장을 고르는 눈이 없거나' 혹은 '남과 공동작업을 못하거나' 아니면 둘다.

그러므로 만약 '다음번에야말로……'라고 생각한다면, 첫 번째 선택에서 자신이 '언제, 어떻게 실패했는지'를 스스로에게 묻고 그 문제점 발견과 개선에 몰두해야 할 것이다.

이직할 때 생각해야 할 일은 '어떻게 해서 다음에 올바른 결단을 할 것인가'가 아니라 '예전에는 어떻게 잘못된 결단을 했는가'다. '이직'에 대해 내가 말씀드리고 싶은 것은 이게 다다.

'사내 개혁'에 대해서는 다음 회에 이야기하겠다.

제6회 사내 개혁에 대해

사내 개혁을 해서 소속된 조직을 조금이라도 좋게 만들어야 할까요? 아니면 조직을 뛰쳐나와 이직하거나 벤처라도 만들어야 할까요? 애초에 사내 개혁이라는 게 가능한 걸까요?

지난번에는 '이직'에 대해 얕은 소견을 말했다. 이번에는 이어서 '사내 개혁'은 가능한가라는 질문에 답하려 한다.

이직 희망자는 '이미 한 번 선택에 실패한 사람'이라는 것을 지난번에 말씀드렸다.

당연한 일이다.

"그게, 지독한 직장이란 말이에요. 이렇게 심할 줄은 몰랐어요"라는 넋두리에 나는 귀를 기울이지 않는다. 미안하지만.

'이렇게 심할 줄 몰랐던' 직장을 스스로의 의사로 고른 사람은 다른 누구도 아닌 그대 자신이다. 그렇다면 그대가 스스로의 의사에 따라 '다음 이직처'로 지금 선택하려 하는 직장 역시, '언젠가 이직하고 싶어질 직장'일 가능성이 그렇지 않을 경우보다 높다. 이 점은 그대도 알겠지.

자신이 판단을 잘못 내려놓고 그 책임을 직장으로 돌리는 자기중심적이고 남 탓하는 삶을 사는 사람은, 당연히 이후 이직에 성공한 경우에도 새로운 직장에서 상사의 신뢰나 동료의 경의를 얻을 가능성이 낮다.

그러므로 결국 이런 타입의 사람은 어떤 이직처를 선택하든 실패하는 것이 숙명이다.

이 경우 필요한 것은 '어째서 나는 언젠가 이직하고 싶어질 직장을 선택하고 말았나'라는 질문을 스스로에게 던지는 일이다. 그런 질문을 하는 사람만이 다음 선택에서 실패할 가능성을 최소화할 수 있다.

우리는 누구라도 실패를 저지른다. 실패하지 않는 사람은 없다.

그러므로 중요한 일은 '실패하지 않는' 게 아니라 '실패로부터 배우는' 것이다.

'실패하지 않는 데' 집착하는 사람은 '실패를 인정하지 않는 인간'이 된다. 한편 '실패로부터 배우기'를 꺼리지 않는 사람은 자신이 겪은 어떤 사소한 실패 경험에서도, 혹은 다른 사람의 실패에서도 많은 것을 배운다. 실패의 경험은 귀중한 '데이터'이며 거의 '재산'이라 해도 좋을 정도인데, 그것을 그저 숨기기만 하거나 실패했는데도 "실패하지 않았어"라고 우기는 사람이 무슨 생각을 하는지 나는 잘 모르겠다.

착각하는 사람이 많으니 이쯤에서 정확히 말씀드리겠는데, 지성이라는 것은 '자신의 어리석음'을 남이 지적하기 전에 먼저 알아차리는 능력이지 자신의 올바름을 언제 어디서나 주장하는 능력이 아니다.

학자가 학자로 있을 수 있는 기간은 자신의 이론을 부정하는 데이터를 다른 연구자보다 빨리 발견하려고 노력할 때까지다. 경영자가 경영자로 있을 수 있는 기간은 자사 비즈니스 모델의 한계를 시장 반응보다 먼저 알아차릴 때까지다. 아무리 증거를 내밀어도 자기 의견을 굽히지 않고 아무리 충언해도 자신에게 곤란한 데이터를 무시하는 사람은 실패를 미루는 만큼 결국 피해를 키울 뿐이다.

그런데도 오늘날 일본에서는 총리대신과 관료를 비롯해서 선도 기업의 경영자까지 결코 자신의 잘못을 인정하지 않는 것을 생존 전략상의 '정답'이라고 믿어 의심치 않는다. 이 '잘못을 인정하지 않는' 풍조가 젊은 사람들 사이에도 널리 퍼져 있는 것은 실로 슬퍼해야 할 일이다.

여담은 이쯤 하고.

'사내 개혁' 이야기였지. 그만 흥분해서 죄송하다. 직장을 스스로에게 기분 좋은 장소로, 자기 손으로 바꿔나가려는 '사내 개혁'은 물론 '이직'보다 훨씬 적극적인 선택이다. 여기에 이견이 있는 분은 없으리라.

하지만 많은 사람들이 간과하는 사실이 있다.

어떤 계획에 대해 '가능성이 있는지 없는지'를 논하는 것은 '이미 그 가능성이 어느 정도까지 경험적으로 확정된' 경우에 한정된다는 사실이다.

가령 그대가 프로 피아니스트로서 성공할 수 있을지에 대한 가능성을 검토할 경우, 적어도 그대는 피아노를 칠 수 있어야 한다. "피아노는 못 치지만 프로 피아니스트로 성공할 수 있을까요?"라는 질문에 진지하게 대답해줄 사람은 어디에도 없다.

사내 개혁도 이와 마찬가지다.

그대가 사내 개혁을 검토하려면 그대는 벌써 어느 정도까지 사내 개혁에 관여하고 있어야 한다. 즉 사내의 적지 않은 사람들이 이미 그대에게 "이 회사를 앞으로 어떻게 바꿔나가야 할까?"라고 거듭 의견을 묻고 있어야 하고, 사내 개혁을 위한 연구회나 정보 교환 그룹이 있다면 이미 그 주요 멤버 가운데 한 사람이어야 하며, 물밑에서 장래의 리더 중 하나로 손꼽히고 있어야 한다.

그대가 사내 개혁을 이루어낼 가능성은 사내 개혁을 목표하는 운동이 이미 그대를 포함하여 시작된 경우에만 존재한다.

그렇지 않은가?

사내 개혁이라는 사업은 당연하게도 혼자서는 불가능하다.

조직 개혁은 언제나 집단적인 운동으로 전개된다. 그대가 아무리 장대한 사내 개혁 구상안을 품고 있다 해도, 그것이 그대 혼자만의 사적인 생각에 머무는 한 실현 가능성은 제로다. 반대로 말하자면 실현 가능성 있는 사내 개혁이란 '이미 시작된 개혁'이라는 뜻이다.

이 논리를 아시겠는가?

예전에 학생운동이 왕성했던 무렵, "혁명당 조직은 그 자체가 장래 혁명적 사회의 싹과 같은 형태여야 한다"라는 말이 회자되었던 적이 있다.

이런 어법은 이제 거의 아무도 쓰지 않으니 젊은 사람들은 무슨 소리인지 모를 것이다.

쉽게 말해 사회를 개혁하기를 바란다면 '혁명을 담당하는 집단'에서는 개혁 뒤의 '이상적인 사회'가 이미 선취되어 있어야 한다는 뜻이다.

요컨대 그대가 사내 개혁으로 경영진을 모조리 퇴진시키고 새로운 경영 체제의 리더가 되기를 목표한다면, 이를 준비하는 개혁 운동 집단에서도 그대는 이미 리더여야 한다. 그대가 사내 개혁을 통해 '지금보다 훨씬 민주적이고 공적인 조직'을 만들어내기를 희망한다면, 이를 준비하는 개혁 운동 집단은 이미 '지금의 회사보다 훨씬 민주적이고 공적인 조직'이어야 한다는 말이다.

반대로 그대가 개혁 운동 그룹의 '심부름꾼'이라면 순조롭게 사내 개혁이 성공한 뒤에도 그대에게는 회사의 '심부름꾼'이 되는 길밖에 없다. 개혁 운동 그룹이 보스 한 사람에 의해 좌지우지되는 비민주적이고 억압적인 조직이라면, 그 그룹의 주도로 '개혁'된 조직은 보스 한 사람에 의해 좌지우지되는 비민주적이고 억압적인 조직이 될 수밖에 없다.

원래 그런 법이다.

만약 사내 개혁이 이미 시작되었다면, 그대 자신은 규모가 작은 모델이긴 해도 이미 '그다음 조직' 안에서 살아가고 있는 셈이 된다. 여하튼 그대가 속한 조직은 '개혁을 선취한 이상적인 집단'이니까.

개혁이 '그대에게 매우 쾌적'한 조직을 만들어내기 위한 운동인 이상, 그것을 목표하는 운동 조직에서 그대가 '동지'들과 지내는 시간은 이미 '그대에게 매우 쾌적'한 시간일 것이다.

사회를 자신에게 쾌적한 장소로 만들기 위한 운동에 관여하는 사람은 기분이 좋다. 레닌이든 마오쩌둥이든 다들 정권을 탈취하기 전, '그래, 혁명을 일으키자'라고 생각하여 동료를 모으기 시작한 단계부터 이미 기분이 몹시 좋았을 것이다.

반드시 그래야 하며, 그렇지 않으면 곤란하다.

바꿔 말하자면 그대가 '이제 와서' "사내 개혁이라는 게 가능한 걸까요?"라는 태평한 질문을 하고 있다는 것은, 그대에게 는 이미 사내 개혁의 주체가 될 가능성이 거의 없다는 뜻이다.

사내 개혁 운동은 '벌써 시작되었고, 그대가 이미 거기에 관 여하고 있으며, 그러므로 회사에 가는 매일이 몹시 유쾌한' 형 태로만 존재한다. "아, 회사 가는 거 지겹다. 차라리 사내 개혁 이라도 해버릴까"라는 발언은 원리적으로 불가능하다.

따라서 "사내 개혁이라는 게 가능한 걸까요?"라는 느긋한 질문을 그대가 지금 하는 이유는 다음 둘 중 어느 하나 때문이 다.

하나는 그대가 있는 곳에는 아직 그런 운동의 싹조차 존재 하지 않으며 아마 이후에도 존재하지 않으리라는 것이고, 다른 하나는 개혁 운동은 이미 시작되었지만 개혁파 사람들은 그대 를 거기에 멤버로 불러들일 마음이 없다는 것이다.

어느 쪽이든 그대를 개혁의 주체로 삼아 사내 개혁 운동이 일어날 가능성은 한없이 낮다는 사실은 이해하시리라.

이직에 대해서든 사내 개혁에 대해서든 내가 말하는 바는 거의 같다. 이직할 수 있는 사람은 이미 이직해 있다. 사내 개 혁을 할 수 있는 사람은 이미 개혁에 착수하고 있다.

의외라고 여길 수도 있지만, '결단'이라는 것은 우리 앞에 완 전히 새로운 미래가 열리는 일이 아니다. 오히려 우리가 과거에 한 행동이 청산되는 일이다.

이제껏 올바른 결단을 쌓아온 사람 앞에는 결단을 망설일 만한 양자택일의 상황이 나타나지 않는다. 반대로 이제껏 몇 번이고 결정적인 국면에서 판단을 잘못해온 사람 앞에는 결단을 재촉하는 갈림길이 자꾸만 나타난다.

결정적인 국면에서 '올바른 판단'을 하는 것은 이제껏 언제나 '올바른 판단'을 해온 사람이 아니라, '올바른 판단'을 하지 않으면 살아남지 못할 만한 리스크를 최소화하기 위해 지금까지 언제나 고심해온 사람이다.

제7회 프리터에 대해

프리터의 대체 어디가 문제입니까?

지금까지는 정사원이 했던 업무도 아르바이트생에게 맡기는 일이 벌어지고 있습니다. 반대로 말하자면 예전이라면 정사원이 되었을 사람이 요즘 시대에는 아르바이트 기회밖에 얻지 못하는 실정이지요. 그런 사람들은 아르바이트생으로서도 그럭저럭 결과를 내고 있으니, 기업은 '음, 아르바이트생도 꽤 쓸 만하군'이라고 여기게 되어 언제든 자를 수 있는 직원을 많이 포함하는 형태로 경영을 하게 되었습니다.

하지만 그렇다면 어째서 프리터라는 존재가 미디어의 비판을 받는 건지요? 분명 프리터 대다수에게 주어지는 일은 누구라도 할 수 있는 업무가 대부분이고, 그런 일을 통해서는 기술을 익히거나 경력을 쌓지 못할지도 모릅니다. 하지만 프리터를 비판하는 사람은 프리터가 0명이 되었을 때의 세상을 상상할 수 있는 건지요? 그 세상 속에서 사람들은 어떤 일을 하고 있을까요?

저는 몹시 의문입니다.

젊은 기업가 후지타 청년이 이런 질문을 던졌다. 이번에는 이 문제에 대해 어리석은 우치다가 대답해보려 한다.

그야말로 후지타의 지적대로 이만큼 일본 경제에 깊숙이 들어와 있고 저임금 고품질 노동으로 우리 경제의 밑바닥을 떠받치는 데 크게 공헌하고 있음에도 불구하고, 프리터들은 언제까지나 일본 사회의 정규 멤버로 여겨지지 않은 채 '의붓자식'

취급을 받고 있다.

이 사회적 차별에는 뭔가 심오한 이유가 있는 것일까?

물론 이유는 있다. 그에 대해 지금부터 이야기해보자. 프리터는 어째서 비판받아야만 하는가. 그 논리를 설명하려면 다소 먼 길을 돌아가야 한다는 점을 각오해주시기 바란다.

아시는 바와 같이 관리 매뉴얼이 정비된 '체인점(맥도널드나 KFC나 츠타야서점 말이다)' 가운데는 종업원의 90퍼센트가 프리터인 점포가 이미 드물지 않다. 우리 세미나의 학생이었던 요시오카는 맥도널드에서 시급 850엔을 받는 아르바이트생 신분으로 고객의 클레임 처리를 비롯한 온갖 일을 소화해냈다.

일본의 프리터는 세계적으로 최고 수준의 능력을 지닌 저임금 노동자다(통계에 따르면 아르바이트생의 임금 수준은 정사원의 23퍼센트).

하지만 시급 850엔짜리 아르바이트를 하는 아가씨가 상품 매입부터 신입 교육, 데커레이션 기획까지 소화해내며 시간외 무료 잔업이나 무료 조기 출근까지 꺼리지 않는 경탄할 만큼 높은 '가성비'가 69엔짜리 햄버거라는 상품 가격을 가능케 했다는 사실을 미디어는 거의 보도하지 않는다.

편의점에서 야근하는 아르바이트 청년은 계산대의 돈을 빼돌리거나 나쁜 친구를 불러들여 가게의 상품을 모조리 트럭에 싣고 야반도주하기를 꾀하지 않을 것을 전제로 채용된다. 일면

식도 없는 노동자의 업무 질과 충성심이 이토록 높은 수준으로 보장되는 사회가 세상에 몇 군데나 될까.

이것은 '자동판매기' 사례와 매우 비슷하다.

알려진 대로 외국 사람들은 일본에 오면 우선 자동판매기가 인적 없는 길모퉁이에 줄줄이 늘어서 있는 풍경에 깜짝 놀란다. 그들에게는 그것이 길거리에 '저금통'이 아무렇게나 놓여 있는 풍경처럼 보이기 때문이다.

"어째서 이런 데 이런 물건이……"라며 그들은 눈을 휘둥그레 뜬다.

"쇠지레로 쇠사슬을 때려 부수고 트럭으로 옮기면 상품도 현금도 간단히 훔칠 수 있잖아요……"

일본 사회에서 그런 무지막지한 절도를 시도하는 것은 극소수의 직업적 범죄 집단뿐이며, 일반 시민은 아무리 기회가 있어도 웬만하면 그런 일을 꾀하지 않는다는 점은 설명을 해줘도 여간해서는 이해받지 못한다. '방범'에 신경을 쓰는 것은 범죄로 인한 손실이 방범 비용보다 클 때뿐이다. 당연한 이야기지만.

"믿을 수 없어"라며 외국 손님들은 탄식한다. "이 얼마나 좋은 나라인가!"

하지만 그 당연한 일이 의식되지 않는 데다 미디어도 이를 보도하지 않기 때문에 우리는 그 '고마움(문자 그대로 '존재할 가능성이 낮은 일'*)'에 충분히 감사를 표현하고 있다고는 말하기 어렵다.

프리터의 '고마움'은 자동판매기의 '고마움'과 비슷하다. 프리터에 대해서는 '기술이 필요 없다'거나 '경력이 되지 않는다'는 부정적인 평가가 자주 입에 오르내리지만, 그런 비판을 하는 분들은 프리터가 국제적 기준에서 보면 믿을 수 없을 정도로 '충성심 높은' 노동자라는 사실은 빼고 말한다.

'세계의 상식'에 따르면 저임금 노동자는 반드시 '일을 설렁설렁' 하거나 '상품을 훔침'으로써 그 격차를 보전하려 한다(이는 노동자의 '권리'로 여겨진다). 따라서 서비스나 상품의 질은 떨어지고 이익은 축나므로 이를 메우기 위해 고용자가 더욱 인건비를 줄여서 임금은 한층 떨어지며, 그 결과 더더욱 '설렁설렁'과 '부정'이 횡행하여 인심은 흐트러지고 사회 불안은 커진다…… 이런 악순환이 생기는 것이다. 이것이 저임금 노동자의 행동 방식에 관한 '글로벌스탠더드(이런 게 있다)'다.

그런데도 일부 좌익 지식인은 일본의 프리터가 이 '글로벌스탠더드'에 비추어볼 때 '지나치게 행동거지가 바르다'는 점이 불만인 것 같다.

---

* 일본어로 '고마움(有難さ)'은 글자 그대로 풀이하면 '있기 어려운 일'이라는 뜻이다.

좌익 쪽 분들은 '프리터가 저임금을 받는다'는 사실에 대해서는 딱히 불평하지 않는다(저임금은 프리터들이 '수탈당한다는 사실'에 대한 확고한 증거이므로 그로써 '좋은' 것이다).

그게 아니라, 그들은 저임금을 불만스럽게 여기는 프리터들이 단결하여 '전국 4백만 프리터 총파업' 같은 직접 행동에 나서지 않는 게 불만이다. 좌익 측 입장의 비판자들은 프리터가 일본 경제의 구조적 모순을 가리는 '완충제'로 기능하며, 그 탓에 사회 제도의 근본적인 개혁이 늦춰져 자민당 정권이 목숨을 이어나가는 게 불쾌한 것이다.

미디어에 나오는 프리터 비판자의 20퍼센트 정도는 '프리터 〈빈민〉의 이의 제기에서 시작되는 사회 혁명'이라는 헛된 꿈을 키우며 자신들의 기대에 응하지 않고 자본주의 번성을 위해 날마다 부지런히 일하는 프리터를 흘겨보는 인정 많은 좌익들이라고 추측해도 크게 틀리지 않을 것이다.

하지만 물론 이들은 비판자의 극히 일부일 뿐이다. 여하튼 좌익도 정부도 재계도 학교도 "프리터에게는 곤란한 일이다"라고 입을 모으고 있지만, 그 주장의 근거가 같을 리 없다.

'여론이 잘 이해되지 않을 때'는 '다른 이유'로 '같은 결론'을 말하는 사람들의 발언을 한데 묶고 있지는 않은지 살펴보는 편이 좋다. 지쿠시 데츠야*가 "프리터에게도 곤란한 일이다"라고 말하는 경우와 다케나카 헤이조**가 "프리터에게도 곤란한 일이다"라고 말하는 경우는 그 이유가 서로 다르다.

그렇다면 어째서 정부는 프리터의 증가를 곤혹스러워하는가?

이는 프리터의 증가가 행정면에서 일본 경제에 상당한 불이익을 초래할 위험이 있기 때문이다.

"잠깐만요. 하시는 말씀이 전혀 앞뒤가 안 맞잖아요. 아까는 '저임금 고품질의 프리터 노동으로 일본 경제가 유지된다'고 했는데 이번에는 '프리터 때문에 일본 경제는 불이익을 당한다'라니, 말이 모순되지 않아요?"

그러니까 "다른 이유로 같은 결론이 나오는 경우도 있다"고 말하지 않았나. 여하튼 좀 더 들어보시게.

모든 정치적·경제적 요소에는 (레닌이 말했듯) '양적 변화가 일정한 단계를 넘어서면 질적 변화가 일어난다'는 원칙이 적용된다. 프리터 같은 '저임금 고품질에 언제든 자를 수 있는 데다 상품도 훔치지 않고 노동조합도 만들지 않으며 조용히 실업을 받아들이는 시민들'이 일정 수 존재한다는 것은 고용 조

---

* 저널리스트. 진보 성향인 아사히신문사의 기자로 일했다.
** 경제학자. 고이즈미 내각의 '경제 브레인'으로서 총무대신을 역임했다.

정상 몹시 바람직한 일이다.

그런데 프리터가 '일정 수' 존재하는 것은 자본주의의 입장에서 바람직하지만, 그 수가 어느 비율을 넘어서면 자본주의의 위기를 초래할 두려운 존재로 변한다.

그도 그렇지 않나.

'저임금'이란 '가처분소득이 적다'는 뜻이니까.

시장 경제의 참가자들은 '싼 값에 상품 서비스를 제공'함으로써 이익을 얻는데, '사주는 사람'이 없으면 애초에 시장 자체가 굴러가지 않는다.

프리터는 '가난'하다. '가난뱅이'는 집도 안 사고 차도 안 사고 국채도 안 사고 예금 저금도 안 한다. 프리터라는 저임금 노동자를 수탈함으로써 미약한 부력을 얻은 일본 경제는, 저임금 노동자를 지나치게 수탈한 탓에 이번에는 스스로의 목을 조르고 있는 것이다. 정부나 재계가 초조해하는 까닭은 이 사실을 깨달았기 때문이다(이제 와서 깨닫는 것도 이상하지만). 정부가 '젊은이자립·도전전략회의(굉장한 이름이다)'를 소집하여 프리터 문제 대책 수립에 본격적으로 뛰어든 것은 2003년 6월이다.

기업은 대응이 조금 더 빨랐다. 에스키모에게 냉장고를 팔고 가난뱅이 여대생에게 루이뷔통 가방을 파는 것이 자본주의의 요령이다. 미디어로 부추겨서 가난뱅이 프리터들의 쥐똥만

한 가처분소득을 쥐어짜는 일 따위는 식은 죽 먹기다. 그러므로 소비자금융의 텔레비전 광고에서는 '편의점이나 도로 공사 현장에서 일하는 프리터들'이 '미래를 담보로' 오토바이나 스트라토캐스터*를 사며 싱글벙글하는 모습이 줄줄이 나온다.

분명 파는 쪽에 '수단을 가리지 않는' 비정함이 있으면, 파산을 각오한 소비 행동으로 프리터를 내몰아 시장 사이즈를 단기적으로 키우는 것은 불가능한 이야기는 아니다.

하지만 그렇게 프리터들을 '절대적 빈곤' 속으로 몰아넣음으로써, 결과적으로 일본 자본주의는 한층 심각한 위험을 초래하게 된다.

가난한 프리터는 재생산을 하지 않기 때문이다.

우리 시대에는 "결혼해도 지금의 생활수준은 떨어뜨리고 싶지 않아"라거나 "돈 없는 사람이랑은 결혼 안 해요"라고 거리낌 없이 공언하는 젊은 여성이 쉽게 눈에 띈다. 어떤 사회 이론이 그녀들의 비뚤어진 가치관을 뒷받침하는지 여기서는 굳이 묻지 않겠지만, 하여간 이 두드러진 배금주의적 추세 속에서 남성 프리터들이 배우자를 얻을 기회는 지극히 적다고 말해야

* 펜더 사에서 발매한 일렉트릭 기타.

할 것이다.

배우자를 얻지 못하면 그다음은 어떻게 되는가. 생각할 필요도 없는 일이다.

일본의 인구가 격감한다.

예측에 따르면 일본의 인구는 2006년에 1억 2700만 명으로 정점에 달하고 2050년에 9200만 명까지 줄어든다. 3500만 명, 즉 27.6퍼센트만큼 시장은 수축하는 것이다. 게다가 이 예측은 배우자도 아이도 얻지 못한 채 고독한 만년을 맞이하는 '가난한 프리터'들이 앞으로 급증하리라는 것을 계산에 넣지 않은 숫자다.

인구가 줄어든다는 것은 단적으로 말해 총수요가 줄어든다는 뜻이다. 뭐 얼마간의 이민 유입도 있겠지만, 그들이 일본 경제를 부양시킬 정도로 활발한 소비를 하리라고는 당장 기대할수 없다. 해외 시장의 수요 증가도 약간은 기대되지만 아시아나라들과 경쟁하려면 생산비를 증가시키는 인건비를 삭감하는 수밖에 없고, 이를 위해서는 더욱 파트타이머나 아르바이트생을 늘려야 한다. 여기서 프리터를 늘려서 어쩌잔 말인가.

인류는 이제껏 '인구가 늘어서 공급이 따라가지 못하는' 사태만 상정해왔다. '인구가 줄어서 물건이 남는' 사태를 상정한 경제학은 없다. 그리고 바로 그런 '인류가 아직 모르는 사회 상황'으로 일본은 시시각각 다가가고 있다.

이제 아셨으리라. 어째서 정부나 재계가 필사적으로 '프리터를 없애자' 캠페인을 펼치는지, 그 까닭을.

메이지 유신 이후 135년, 일본에서 '인구 증가'와 '경제 번영'은 언제나 손을 맞잡고 협력해왔다. 하지만 지금 일본은 '사회의 하이퍼모던화'가 그대로 '시장 경제의 해체 위기'를 초래하는 상황이다. 노동력과 시장을 유지하려면 무엇보다 먼저 '재생산' 프로세스를 확보해야 한다. 일본의 인구를 이 이상 줄여서는 안 된다.

하지만 그러려면 일정한 직업을 가지고, 40년짜리 대출을 받아서 집을 사고, 국채를 사고, 척척 결혼하고, 자식을 적어도 둘은 낳는 '평범한 샐러리맨'을 사회의 중심층으로 재구성해야 한다. 일단 정치가와 관료는 그렇게 생각하고 있다. 그러므로 그들은 이제껏 프리터의 노동력을 수탈해서 이익을 냈다는 사실은 깨끗이 잊어버린 척하며 "프리터를 그만두고 일정한 직업을 가져라"라고 젊은이들에게 설교하기 시작한 것이다.

단기적인 소비를 환기하기 위해 프리터에게 '미래를 헐값에 팔아치우는' 찰나적인 삶을 텔레비전 광고로 부추기면서, 장기적 위험을 내다보며 "장래도 생각해서 침착하게 일을 찾아라"라고 설교를 해대는 모순된 고지를 동시에 하는 것은 이러한 사정 때문이다.

어째서 프리터를 둘러싼 비판의 말이 이토록 모순되어 있는지, 그 이유를 조금은 아시겠는가.

하지만 이 정도의 사회학적 분석은 전문가라면 누구든 할 법하므로, 아무도 하지 않는 말을 한마디 더 해두겠다.

인구 재생산이 필요하다고 여겨지는 가장 큰 이유는 사실 연금이나 시장이나 노동력 제도 유지를 위해서가 아니다. 기술도 경력도 연금도 아내도 자식도 없이 고독한 죽음을 맞이한 프리터에게는 그 죽음을 애도할 '상주'가 없어지기 때문이다.

앞으로 몇 십 년 뒤 누구의 애도도 받지 못한 채 고독하게 죽어갈 독신자 수는 몇 백만에 이를 것이다. 이 '누구에게도 애도받지 못하는 죽은 자들'이 21세기 후반의 일본 사회에 얼마나 큰 '탈'을 일으킬는지.

우리가 무언중에 두려워하는 것은 사실 이 일본의 암담한 영적 미래다.

제8회 결혼이라는 끝없는 불쾌함에 대해

선생님은 예전부터 '좋은 파트너'를 찾으라고 말씀하셨죠.

서른 살 독신 여성으로서, 저를 오카 히로미로 만들 수 있는 무나카타 코치 같은 파트너가 어딘가에 없을까 생각합니다.*

동시에 단순한 의문입니다만, 만약 있다 해도 그 '좋은 파트너'는 '좋은 결혼 상대'가 될까요?

'결혼을 반드시 해야만 하는가?'가 아니라, '〈좋은 파트너〉가 있으면 결혼하는 편이 좋은가? 아니면 딱히 안 해도 상관없는가?'가 궁금합니다.

제도로서는 붕괴되고 있다 해도, 이렇게 계속 의문을 만들어내는 '결혼'에는 엄청나게 합리적이라거나 뭐라거나, 요컨대 '이득'을 보는 면이 있다는 느낌이 강하게 듭니다.

하지만 저는 아무래도 '결혼해야 돼!'라는 생각이 안 듭니다. 이 절실함의 결핍은 직감적으로 '사실은 별로 이득이 아니야'라고 생각하기 때문인 것 같기도 하고요.

이번 질문은 꽤 길지만 '흔들리는 여심'의 뉘앙스를 이해하기 위해 이 정도의 길이는 허락해주시기 바란다.

---

* 만화 『에이스를 노려라!』에 대한 이야기. 테니스부의 무나카타 코치가 주인공 오카 히로미를 일류 테니스 선수로 키워나가는 과정을 그린 작품이다.

요점은 '좋은 파트너를 얻는 것'과 '결혼하는 것'은 별개의 문제인가, 결혼의 이점이 있다면 그것은 무엇인가, 라는 물음이다.

답변하겠다.

이 둘은 '별개의 문제'다. 또한 결혼에는 이점과 결점이 있는데 이점은 결점을 메우고도 남는다고 생각한다.

그 까닭을 다음에서 설명하겠다.

함께 생활하고 서로 물심양면으로 돕고 쌍방이 동의하면 관계를 끝낼 수 있다는 점에서는 차이가 없지만, 그래도 여전히 '자유로운 파트너십'과 '결혼 계약'은 별개의 것이다.

어떤 부분이 다른가.

'자유로운 파트너십'은 '사적인 관계'고 '결혼 계약'은 '공적인 관계'다. 이 부분이 다르다.

알기 쉽게 설명해보자.

'자유로운 파트너십'에는 따라붙지 않으나 '결혼 계약'에만 따라붙는 것은 단적으로 말해 딱 하나밖에 없다.

바로 '상대의 친족'이다.

결혼하면 (상대가 천애고아가 아닌 한) 예외 없이 시아버지 시어머니 장인 장모 시누이 처제 친척 아저씨 아주머니 등이 '덤'으로 딸려 온다. 그리고 놀랍게도 결혼 생활로 인한 스트레스의 90퍼센트는 이 '예외 없이 딸려 오는 상대의 친족' 때문에 생긴다.

"어머, 올케, 이 창살의 먼지는 뭐야? 아이, 더러워. 대체 올케네 친정에서는 청소를 어떤 식으로 한 거야?"라는 식의 텔레비전 드라마에 자주 나오는 틀에 박힌 '친족의 결혼 생활 간섭'은 끔찍하게도 모두 사실이다.

나는 젊은 시절 여자 친구 집에서 "우치다 군도 모처럼 왔으니 저녁이라도 함께 하세"라는 경험을 몇 번인가 했다. 그때 받는 심문의 신랄함이란, 모르시는 분은 상상도 안 갈 것이다.

유혹에 넘어가 신상을 줄줄이 털어놓으면 "그런 경박한 녀석은 두 번 다시 우리 집 문턱을 넘지 못하게 할 테다"라는 선고를 받고, 따라주는 대로 술잔을 거듭 비우면 "남의 집에서 만취하는 멍청이와는 사귀면 안 돼!"라고 단정지어진다.

물론 임기응변의 말재주로 분위기를 띄우고 만사 요령 좋게 구두시험에 답한다고 되는 일이 아니다. 그것은 그것대로 "미묘하게 빈틈이 없어서 엄마는 왠지 껄끄럽네" "젊은 녀석이 닳아빠진 건 아빠는 싫어"라는 훈시를 어차피 피할 수 없다.

하지만 여성이 '상대의 가족'에게 평가받을 때의 준엄함에 비하면 이런 것은 거의 '목가적'이라 해도 좋을 정도다. 왜냐하면 아시는 대로 이 나라에서는 남성 주체의 '낮춤혼低方婚'이 혼인의 지배적 형태이기 때문이다.

'낮춤혼'이란 자신보다 '등급이 낮은' 사람을 배우자로 선택하고자 하는 경향을 말한다. 우리 사회에서는 혈통이든 학력이든 직위든 연봉이든 아내가 남편보다 '우위'인 것은 바람직하지 않다고 여겨진다.

"일단 도쿄대를 나왔고요, UCLA에서 MBA를 딴 뒤 지금은 외자계 회사에서 펀드 매니지먼트를 하고 있어요. 연봉은 1억 엔이 좀 안 된답니다. 후후"라는 여성이 샐러리맨 긴타로의 집에서 환대받는 일은 절대로 불가능하다.

여성이 상대방의 가족에게 평가당할 경우, 좋은 집안이나 학력이나 사회적 지위나 취향은 일단 좋지 않은 결과를 가져오리라고 각오해야 한다.

상대가 원하는 것은 "올케! 이 창살의 먼지는 뭐야?"라는 질책에 머리를 숙이고 눈물을 글썽이는 '며느리'이지 아들보다 일 잘 하고 아들보다 취향이 고상하며 아들보다 연봉 높고 아들을 호되게 혼내는 '알파걸'이 아니다. 대체로 '서른 살의 독신 여성'이 이제까지 획득하려고 부지런히 힘써온 노력의 성과는 '상대방의 가족'에게는 눈에 거슬릴 뿐이다.

'미혼, 무자식, 30대'가 그 빛나는 성취에도 불구하고 여전히 '루저 개(ⓒ사카이 준코)'라고 불리는 이유는 그녀들이 추구하고 획득해온 문화자본(학력, 자격, 교양)이 '낮춤혼' 사회에서는 모조리 '부채'로만 계산된다는 냉엄한 사실 때문이다.

여기까지의 설명으로 연애와 결혼의 차이점이 어디에 있는지 이제 여러분도 대체로 아셨으리라.

연애로 '공통점 있는 유쾌한 파트너'를 얻었다면 그 뒤로는 즐겁게 놀며 살아가면 된다. 하지만 결혼은 그리 되지 않는다. 결혼이란 자신과는 어떤 공통점도 없는(결혼만 하지 않았다면 아마 일평생 모르는 사이로 끝났을) '불쾌한 이웃들'을 '가족'으로 받아들이고, 그 사람들의 취향이나 이해利害를 배려하며 살아가야 함을 뜻한다.

따라서 연애와 결혼은 플레이어에게 요구되는 인간적 자질이 완전히 다르다.

연애에 필요한 것은 '쾌락을 즐기고 쾌락을 증진시키는 능력'인 반면 결혼에 필요한 것은 '불쾌함을 견디고 불쾌함을 감소시키는 능력'이다.

"그럼 결혼해 봤자 좋은 게 하나도 없잖아요!"

뭐, 결론을 서두를 필요는 없다. 약간은 좋은 점도 있다.

"뭐예요?"

자, 생각해보시라. '상대방의 친족'이 '며느리'에게 가장 기대하는 것은 무엇일까?

"자식을 낳는 거겠죠."

정답.

"자식을 낳는 게 '좋은 점'이에요? 뭐예요, 그게. 선생님도 엔젤플랜*의 첩자인가요?"

아니다. 내 말은 그 반대다. 어째서 결혼하는 게 '좋은 일'인가 하면, 자식을 낳고 기르는 '불쾌한 경험'을 뼈저리게 맛볼 수 있기 때문이다.

아무도 분명히 말하지 않으니 내가 대신 말씀드리겠는데, 자식이야말로 여성에게 '불쾌한 이웃 넘버원'이다. 이 불쾌함은 그야말로 '상대방의 친족'에 비할 바가 아니다.

생각해보면 당연하다.

우선 임신하면 배가 나온다. 세련된 옷도 못 입고 놀러도 못 가고 일도 못 한다. 머리카락이 빠지고 이가 흔들리고 오줌이 샌다. 만신창이다. 모체 속에 '이물질'이 침입하니 당연한 일이다(늘 하는 말이지만 〈에일리언〉이나 〈괴물The Thing from Another World〉 같은 '외계인이 체내에 침입하여 인간을 탈취하는' 이야기는 사실 모두 이 '임신의 불쾌함'을 우회적으로 표현한 것이다. 몰랐는가?).

낳을 때의 고통은 아시는 대로다. 그런데 낳은 뒤에도 고통은 끝나지 않는다. 아기는 징징거리고, 똥오줌을 흘리고, 콘센

---

* 일본의 출산 장려 계획.

트에 손가락을 찔러 넣고, 고양이 귀를 물어뜯고, 값비싼 유리잔을 깨부수고, 베란다에서 떨어지고…… 정말이지 부모는 마음 편할 틈이라고는 없다.

좀 자라면 이번에는 학교를 빠지고, 머리를 물들이고, 귀에 구멍을 뚫고, 문신을 하고, 마약을 하고, 오토바이 사고를 내고…… 한마디 주의하려 하면 "시끄러, 할망구". 정말이지 부모는(이하 동문).

아무리 생각해도 육아로 얻는 '쾌락'은 이런 '불쾌함'과 맞바꿀 수 있는 것이 아니다.

그럼에도 불구하고 사람들은 육아가 '인생에서 가장 큰 성취'라고 힘주어 말한다. 그렇게라도 말하지 않으면 육아 따윈 할 수가 없기 때문이다.

남자 홀로 육아를 해온 경험으로부터 단호히 말씀드리건대 자식은 '불쾌한 이웃 넘버원'이다. 그 점을 받아들이고 끝까지 사랑할 능력이 없으면 육아는 결코 완수되지 않는다. 아이는 미피 캐릭터처럼 동글동글 보들보들한, 오로지 귀여운 존재라 생각하는 여러분은 망상을 키우고 있을 뿐이다.

이제 아셨는가.

인류가 재생산을 유지하기 위해 필요한 자질은 '쾌락을 즐기는 능력'이 아니라 '불쾌함을 견디고 불쾌함을 쾌락으로 해석하는 자기기만 능력'이다. 그 능력이 있는 개체만이 자신의 DNA를 다음 세대에 남길 수 있다. 그리고 우리는 이 선택압selective pressure*을 견디고 살아남은 인간을 '승자'로 여기도록 인류학적으로 프로그래밍되어 있다.

이 '승패'의 판단은 우리의 자기 결정으로 뒤바꿀 수 있는 게 아니다.

결혼은 쾌락을 보장하지 않는다. 오히려 결혼이 약속하는 것은 끝없는 '불쾌함'이다. 하지만 결혼은 불쾌함을 극복해낸 인간에게 '쾌락'이 아니라 어떤 '성취'를 약속한다. 그 성취는 재생산이 아니라 '불쾌한 이웃', 다시 말해 '타자'와 공생하는 능력이다. 그리고 아마 그것이야말로 근원적인 의미에서 인간을 인간답게 만드는 조건일 것이다.

결혼은 '쾌락'의 많고 적음으로 셈하면 틀림없는 '손해'다. 이 부분은 인정하겠다. 그러나 결혼을 '이득인가 손해인가'라는 말term로 생각하는 것은 '쾌락'의 화폐로밖에 만사의 경중을 잴 수 없게 된 '근대의 병증'이라는 점은 슬슬 깨달아도 좋

---

* 경합에 유리한 형질을 가진 개체군의 선택적 증식을 재촉하는 요인.

으리라 생각한다. 인간을 진실로 '인간적'이게 만드는 것은 쾌락이 아니라 '수난'이다.

하지만 이것은 또 다른 긴 이야기가 될 테니 다음 회로 넘기겠다.

제 9 회 타자로서의 배우자에 대해

지난 회에는 '결혼은 이득인가요?'라는 고민 많은 젊은 여성의 질문에 답했다. 내가 제시한 잠정적 결론은 '결혼은 〈득실〉로는 잴 수 없다'였다.

'손해인가 이득인가?'라는 질문에 대해 '어째서 당신은 〈득실〉이라는 판단 기준이 모든 인간사에 적용된다고 믿는 것인가?'라는 대답을 한 것이다.

내가 가진 패를 내보이자면, 이것은 '질문에 질문으로 답한다'라는 유대인이 잘 쓰는 '필살기'다. 문제의 '차수를 한 단계 높여서' 당면한 문제를 전혀 다른 관점에서 볼 수 있게 만들어 주는 매우 뛰어난 지적 장치다.

단, 유감스럽게도 단점이 하나 있다. 이 방식에 익숙해져 온갖 이슈에 대해 '문제에 문제로 답하게' 되면 질문하는 사람이 점점 짜증이 솟구쳐서 얼마 뒤 "바보 취급 하지 마!"라며 때리는 경우가 있다는 점이다(이 부분이 '왜 학술적 패러다임의 전환이 대부분 유대인의 손에서 태어나는가'와 '어째서 유대인은 그토록 미움받는가'를 동시에 설명하는 열쇠인데, 이를 논하기 시작하면 책을 한 권 써야 한다).

따라서 나로서도 안전 보장을 위해 매번 '질문에 질문으로 답할' 수는 없다. 가끔은 '서슴없이' 대답해서 질문자의 좌절감을 해소해드리는 일도 필요하다.

'서슴없이' 대답하는 데는 비결이 있다.

물론 '질문하는 사람이 듣고 싶어 하는 대답을 하는 것'이다.

자신이 어떻게 행동하면 좋을지 묻는 사람은 '자신이 듣고 싶은 대답'을 알고 있지만, 그저 그것을 남의 입을 통해 한 번 더 듣고 싶을 뿐이기 때문이다.

"저, 회사 그만두는 편이 좋을까요?"라는 질문을 하는 사람은 반드시 내심 '회사 때려치우고 싶다'라고 생각한다. 당연한 이야기지만 일은 즐겁고 상사는 높게 평가해주고 동료는 신뢰하고 부하는 우러러보고 옆자리 미요 씨는 뜨거운 시선을 옆얼굴로 보내고…… 이런 상황에서 "회사를 그만두는 편이 좋을까요?"라는 질문을 하는 사람은 없다. 그런 상황에서도 여전히 '그만두고 싶다'라고 생각하는 건 회사 돈을 횡령했거나 미요 씨가 모르는 숨겨둔 여자가 있거나 북한의 잠입 공작원인 등의 '아무에게도 상담 못하는' 슬픈 사정을 껴안고 있는 사람뿐이다.

그러므로 "그만두는 편이 좋을까요?"라고 묻는 사람에게 '그만둔다'는 것은 이미 결정이 끝난 일이다. 그가 듣고 싶어

하는 것은 '그 결단을 스스로 납득할 만한 이유'다. 물론 자신은 '그만두고 싶은' 이유를 안다. 하지만 그것만으로는 부족하다. 좀 더 다른 이유, '아, 그랬구나!' 하고 스스로 납득하고 남들에게도 힘주어 말할 수 있는 '당당한' 이유가 필요한 것이다.

그러므로 숙련된 '인생 상담가'는 '질문자가 듣고 싶어 하는 대답을 질문자가 깨닫지 못한 이유를 근거로 고한다'.

결혼도 마찬가지다.

"결혼은 이득인가요?"라는 질문 방식 자체에 이미 '듣고 싶은 대답'이 들어 있다.

질문한 여성은 '결혼하고 싶은' 것이다.

결혼할 마음이 없는 사람, 결혼할 가능성이 없는 사람은 결코 이런 질문을 하지 않는다. '결혼하고 싶지만' 그것을 스스로에게 납득시킬 이유를 찾지 못한 사람만이 이런 질문을 하기 때문이다.

생각해보시라. "벤츠는 역시 가성비가 좋아?"라는 질문을 하는 건 벤츠를 살 만한 재력이 있는 사람뿐이다. 그들이 바라는 것은 마지막으로 '등을 살짝 밀어주는' 말이다.

그러므로 나는 "결혼은 이득인가요?"라는 질문에 "이득입니다"라고 단호하게 대답한 것이다.

단, 그 이유는 여러분이 기대한 바와 다르다. 다르지 않다면

'인생 상담'에 대한 대답이 되지 않는다.

여러분의 착각은 결혼이 '행복'을 가져다준다는 고정관념에 사로잡혀 있다는 것이다. 이 점은 지난 회에서 말씀드렸다.

결혼을 추천하는 이유는 그것이 '불행'한 경험, '수난'의 나날을 약속해주기 때문이다.

결혼은 아주 가끔 즐거운 일도 있지만 대체로 '끝없는 불쾌함'으로 구성되어 있다('비교적 행복한 결혼 생활'에서 불쾌함과 유쾌함의 비율은 '팥밥에서 쌀과 팥의 비율'에 가깝다고 말씀드려도 좋지 않을까 싶다).

왜 나는 그런 생활 형태를 여러분께 추천하는 것인가. 지난 회의 결론 부분에서 나는 그 이유를 이렇게 썼다.

결혼은 쾌락을 보장하지 않는다. 오히려 결혼이 약속하는 것은 끝없는 '불쾌함'이다. 하지만 결혼은 불쾌함을 극복해낸 인간에게 '쾌락'이 아니라 어떤 '성취'를 약속한다. 그 성취는 재생산이 아니라 '불쾌한 이웃', 다시 말해 '타자'와 공생하는 능력이다. 그리고 아마 그것이야말로 근원적인 의미에서 인간을 인간답게 만드는 조건일 것이다.

내가 썼지만 좋은 말 아닌가. 중요한 말이므로 반복하자면, 인간을 인간답게 만드는 결정적인 자질은 '타자와 공생하는 능력'이다.

　인간을 다른 영장류와 구분 짓는 결정적인 특성이 무엇인지 여러분은 아시는가. 인간만 하고 침팬지나 고릴라가 결코 하지 않는 행동은 무엇인가?

　"도구를 쓰는 것?"

　노. 다른 영장류에게도 간단한 도구를 이용하는 능력은 있다.

　"언어를 쓰는 것?"

　노. 기호를 써서 의사소통을 하는 동물은 얼마든지 있다.

　"사회를 만드는 것?"

　노. 원숭이사회는 인간사회와 매우 비슷하다.

　인간만 하고 다른 영장류는 하지 않는 행동은 하나밖에 없다.

　바로 '무덤을 만드는 것'이다.

　지금으로부터 수만 년 전 구석기 시대에, 우리의 먼 조상은 '죽은 자를 매장하는' 습관을 가짐으로써 다른 영장류와 구분되었다.

　이는 '살아 있는 인간'과 '죽은 인간'은 '다르다'는 사실을 깨달았다는 뜻이 아니다(동물도 '살아 있는 동물'과 '죽은 동물'은 '다르다'는 것쯤은 안다). 그게 아니라, '죽은 인간'을 '살아 있는'

것처럼 생생하게 느낀 최초의 생물이 인간이라는 뜻이다.

'죽은 인간'이 희미하게 눈앞에 나타나고, 그 목소리가 어렴풋이 들리고, 그 기운이 떠돌고, 생전에 사용했던 옷이나 도구에 혼백이 서려 있다고 '느낄' 수 있는 생물만이 '장례'를 치른다. 죽은 순간 죽은 자의 '흔적'이 생활에서 깨끗이 사라진다면 장례 같은 걸 누가 치르겠는가.

인간이 무덤을 만든 이유는 '무덤을 만들어 멀리하지 않으면 죽은 이가 돌아온다'는 사실을 '알고 있었기' 때문이다(프랑스어로 '유령'을 'revenant'이라고 하는데 이는 '돌아오는 자'라는 뜻이다). 구석기 시대의 무덤 가운데는 종종 사체 위에 거대한 돌을 올려서 죽은 자가 땅에서 나오지 못하도록 만든 것이 있다. 아마 '돌아오지 못하도록 누름돌을 올리는 것'이 무덤의 본디 취지이리라.

인간의 인류학적 정의는 '죽은 자의 목소리가 들리는 동물'이다. 그리고 인간성에 관련된 모든 것은 이 본성에서 파생된다.

우리 사회를 뒷받침하는 규범, 이를테면 일본국헌법이나 인권선언, 미국독립선언에는 모두 "인간에게는 생명, 자유, 행복을 추구할 권리가 있다"는 1조가 포함되어 있다. 이것은 잘 읽어보면 이상한 문구다. 왜냐하면 우리는 '자유를 잃은 상태'나

'행복을 잃은 상태'라면 직접 체험할 수도, 가까운 타인의 경험을 보거나 들을 수도 있지만 '생명을 잃은 상태'는 경험한 적도, 경험자로부터 "죽은 뒤에는 이런 기분이 들어"라는 이야기를 들은 적도 없기 때문이다. 그럼에도 불구하고 '생명을 잃지 않는 것'이 우리 사회의 '인간적 권리' 첫머리에 쓰여 있다. 이 말인즉슨 인간은 '죽은 뒤'가 '어떠한 상태인지'를 '안다'는 뜻이다.

'살아 있는 한 결코 닿을 수 없는 위치에 살아 있는 상태로 닿을 수 있다'는 이 '착각'(이라고 일단은 말해두자)이 인간성의 근본적인 성격을 형성한다. 인간성에 관련된 모든 것은 이 본성에서 파생된다.

왜 이렇게 멀리 돌아왔는지 이제 아시리라. 우리는 결혼에 대한 이야기를 하고 있었다. 결혼이란 한마디로 말하자면 '타자와 공생하는 것'이다. 함께 사는 그 타자와 당신은 마음이 통하지 않을 때도 있고 말이 통하지 않을 때도 있으며 상대의 행동 하나하나가 신경을 거스를 때도 있다. 그리고 이렇게 생각한다. '이 사람이 뭘 생각하는지 나는 모르고, 이 사람도 내가 무슨 생각을 하는지 몰라.'

그걸로 좋다.

결혼이란 '그 점'을 뼈에 사무치게 경험하기 위한 의례니까.

이 점을 머릿속에 두고 아까의 정의를 떠올려보시라. 인간은 '결코 마음이 통하지 않는 타자(즉 '죽은 자' 말이다)의 기운이나 혼백, 메시지'조차' 알아차리고 느낄 수 있는 능력으로 원숭이와 구분되었다. 인간의 인간성은 '절대로 이해도 공감도 할 수 없는 타자의 목소리를, 그럼에도 알아들을 수 있다'는 역설 속에 존재하는 것이며, 그곳 외에는 없다.

죽은 자와도 커뮤니케이션할 수 있다는 것이 인간의 정의다. 하물며 당신의 배우자는 살아 있다. 대화를 나눌 수 있고, 손으로 만질 수 있고, 따스하게 만들어줄 수 있고, 위로할 수 있고, 껴안을 수 있다.

결혼이란 '이 사람이 뭘 생각하는지 나는 모르고, 이 사람도 내가 무슨 생각을 하는지 모른다. 하지만 나는 이 사람에게 말을 하고, 이 사람의 말을 듣고, 이 사람과 서로 신체를 만질 수 있다'라는 역설적 상황을 살아내는 일이다.

자신을 이해해주는 사람이나 공감할 수 있는 사람과 즐겁게 사는 것을 추구한다면 결혼을 할 필요는 없다. 결혼은 그런 것을 위한 제도가 아니라, 이해도 공감도 안 되지만 여전히 인간은 타자와 공생할 수 있다는 사실을 가르쳐주기 위한 제도다.

혼인은 장례가 그러하듯 인류와 비슷하게 오래된 제도다. 사회 집단은 무수히 존재하지만 혼인 제도가 없는 집단은 존재하지 않는다. 어쩌면 혼인 제도가 없는 집단도 있었을지 모르지만, 인류학이 가르쳐주는 한 그런 집단은 어느 하나 살아 남지 못했다. '타자와 공생하는' 능력만이 인간의 생존을 가능 하게 만들어준다는 진리를 이 인류학적 사실이 알려주는 게 아닐까.

당신은 그래도 여전히 "나를 이해해주는 사람들에게만 둘러 싸여 지내고 싶다"고 말할 작정인가. 그것은 사실 "나는 인간 을 관두고 싶어" "나는 원숭이가 되고 싶어"라는 말과 같다는 사실을 아직 알아차리지 못했는가.

하지만 잘 생각해보기 바란다. "나는 원숭이가 되고 싶어" 라는 당신의 메시지를 들어줄 존재는 '인간'밖에 없다. '내게는 이해되지 않는 생각을 하는 사람의 말'에 귀를 기울이는 습관 을 가진 생물만이 당신의 말을 알아들어줄 테니까.

제10회 이혼에 대해

이혼에 대한 이야기는 많지만 실상은 어떨까요. 별로 좋은 문장은 읽은 적 없고 좋은 이야기도 적습니다. 주위에는 남녀노소 불문하고 이혼한 사람이 산더미처럼 많습니다. 거의 다수파지요.

특히 이혼으로부터 1, 2년 전후가 가장 힘들었다는 사람이 많습니다. 친구와 함께 있든 없든 밥이 맛있든 맛없든 관계없이 덮쳐오는, 이 간헐적으로 샘솟는 상실감은 대체 뭘까 싶습니다.

거리에서 일흔 정도의 노부부를 보면 '이런 일 저런 일 다 겪고서도 여전히 함께 있는 것'의 위대함에 저의 나약함이 겹쳐져 눈물이 납니다.

이번 회는 '이혼에 대해'서다.

이혼은 슬프다. 실로 슬픈 일이다. 그 점은 나도 뼈저리게 알고 있다.

그런데도 이혼하는 사람은 늘어나기만 하는 듯한 기분이 든다. '기분이 들' 뿐만 아니라 실제 통계로도 그렇다. 현재의 이혼율은 2.1(인구 천 명당 이혼 건수). 결혼율이 6.0. 따라서 결혼한 부부 세 쌍 중 한 쌍은 이혼한다는 계산이 나온다.

하지만 미디어의 논조를 보건대 이혼의 증가를 심각하게 문제 삼는 사람은 별로 없는 모양이다.

이혼에 관한 사회적 발언 대부분은 "싫어지면 참을 필요 없어요. 얼른얼른 이혼합시다"라는 식의 '생글생글 이혼 상담' 같은 것뿐이다. 인터넷 세상에도 '이혼이라면 맡겨주세요' '이혼 고민 친절 상담' '잘 헤어지기 위한 법률 지식' 같은 사이트가 빼곡하다.

나는 이런 이혼의 '간편화' 경향에 회의적이다.

아무래도 미디어의 대세는 젊은 분들에게 '이혼'을 '대단치 않은 사건'으로 축소하여 보여주려 한다는 생각이 강하게 든다. "이혼 따위 별것 아니에요. 결혼한 뒤 '아, 실수했다'는 생각이 들면 빨리빨리 이혼해서 또 다음 상대를 찾으면 되니까요."

하지만 정말 그걸로 괜찮은 것일까?

이 '실패한 관계의 신속한 해소'에 따른 '보다 나은 파트너 발견'이라는 연애=결혼 전략은 어딘가에 본질적인 '거짓말'을 품고 있다는 생각이 들어 견딜 수 없다.

이 연애=결혼 전략은 의외로 홈쇼핑의 '2주 안에는 교환·반품 가능'이라는 조건을 선호하는 소비자의 동향과 상통한다.

'이혼의 간편화'와 홈쇼핑의 공통점은 무엇인가?

어느 분이든 아시겠지만 그것은 '리셋 가능성'이다.

아무리 귀중한 것이라도 '써 보고 마음에 안 들면 다른 것과 교환'할 수 있다. 이는 어떤 면에서 몹시 '사치스러운' 일이다.

그러나 어떤 편리한 것에도 반드시 결점은 있다.

'리셋할 수 있다'는 것은 '최종 결단'이 필요 없어진다는 뜻이다. '써 본 다음 그것이 정말로 자신이 원했던 물건이었는지 아닌지를 깨닫는 일'이 허용된다는 것은, '써 보기 전까지는 그것이 자신에게 정말로 필요한 물건인지 아닌지를 심각하게 곱씹어보지 않아도 좋다'는 태만함이 허용된다는 뜻이다. 그리고 태만함이 허용될 때 우리는 반드시 정신의 집중력을 아끼게 된다.

우리 세미나의 학생 이야기다. 새로운 게임이 나와서 사흘 정도 집에 틀어박혀 게임에 열중했던 그녀는, 끝판을 깬 뒤 수면 부족인 채로 오랜만에 학교에 나와서 멍하게 친구와 이야기를 나누던 중 그 친구에게 '해서는 안 될 말'을 해버렸다. 그때 순간적으로 오른손이 '리셋 버튼'의 위치를 찾았다고 한다.

심오한 이야기다.

이 일화의 흥미로운 부분은 지나치게 게임을 한 탓에 현실 세계에도 '리셋 버튼'이 있다고 생각하여 환각을 느낀 데 있지 않다. '리셋 버튼이 있다'고 무의식중에 생각한 탓에 친구에게 부주의한 말을 하는 것을 자제하지 못한 데 있다. 다시 말해 그녀는 리셋할 수 있다는 전제로 무의식중에 '해서는 안 될 말'을 선택적으로 입에 담은 것이다.

별로 알려지지 않은 사실이지만 우리는 '재시작할 수 있다'는 조건이 붙으면 자기도 모르게 '정정을 전제한 선택', 즉 '잘못된 선택'을 하는 경향이 있다.

자동차 면허를 갓 딴 초보 운전자는 결코 중고차를 사서는 안 된다는 말을 자주 듣는다. '운전이 미숙해서 부딪쳐 망가질 수도 있으니까 중고를 탄다'는 생각을 하는 한, 드라이버는 무의식적으로 '부딪치자'고 생각하게 된다. 생각해보면 당연한 일이다. '부딪쳐도 괜찮다'라는 이유로 일부러 구입한 중고차다. 부딪치지 않으면 산 의미가 없다.

이야기가 이혼에서 벗어나고 있는 것 같지만 실은 전부 '뿌리가 같은 이야기'다.

당신이 '결혼해보고 안 되겠으면 이혼해서 다시 시작하면 된다'는 전제로 결혼에 임하는 경우와 '한번 결혼한 이상 이 사람과 평생 백년해로하는 수밖에 없다'라는 굳건한 결의로 결혼에 임하는 경우 사이에는 하루하루의 생활 속에서 배우자를 대하는 당신의 언동에 틀림없이 유의미한 차이가 생겨날 것이다. '리셋 버튼'을 손에 쥐고 결혼 생활을 하는 사람은, 그 야말로 '리셋 가능'하기 때문에 그 가능성을 시험해보고 싶다는 무의식적인 욕망을 자제하지 못한다. 그것은 그 사람에게 특별히 자제심이 없거나 애정이 결핍되어서가 아니다. 버튼이 있으면 누르고 싶어지고 문손잡이가 있으면 돌려보고 싶어진다. 인간이란 그런 생물이다.

미국은 세계에서 둘째가는 이혼 대국인데(1위는 러시아), 나는 그 이유가 그 나라에 횡행하는 '결혼 계약'에 있다고 짐작한다. 파경을 맞이했을 때의 재산 분할 방식을 정한 계약이 일반화됨으로써 이혼은 더더욱 심리적 저항 없이 손쉽게 이루어지게 되었다.

얄궂게도 그것은 계약이라는 개념이 불이행의 가능성을 전제하고 있기 때문이다. 계약이 성실히 이행되지 않을 경우의 페널티를 상세하게 규정하는 일은 '계약이 이행되지 않는 경우가 종종 일어난다'는 사실을 인지하게 만들 뿐만 아니라, 계약 당사자들을 향해 '당신 역시 이 계약을 이행하지 않을 것이다'라는 수행적 메시지를 무언중에 발신하기도 한다.

1928년의 부전조약은(오, 이야기가 건너뛴다) "국제 분쟁 해결을 위한 전쟁은 옳지 않다고 보고 국책 수행 수단으로서의 전쟁을 포기"할 것을 맹세하며 세계 63개국이 조인했다. 그러나 '현실주의자' 정치가들은 이처럼 몽상적인 조약이 효과적으로 전쟁을 억제할 수 있다고 믿지 않아서 "자기 방위를 위한 전쟁은 예외다"라는 해석을 채용했다. 그리고 세계 각국은 이 해석을 근거로 마치 귀신에 홀린 듯 역사상 최악의 전쟁에 돌입했다.

아시겠는가.

'자기 방위를 위해'라는 대의명분은 '부전조약'에 대한 일종의 '리셋 버튼'이다. 당당히 선언하면서도 한구석에 작은 글자로 "이 선언은 다음과 같은 경우에는 어겨도 좋다"라고 쓰여 있으면, 우리는 '다음과 같은 경우'를 필사적으로 찾기 시작한다. 인간이란 그런 구제할 길 없는 생물이다. 그 점을 솔직하게 인정하자.

무슨 이야기를 하는지 이제 아셨으리라.

사람이 이혼하는 이유는 무의식적으로긴 해도 이혼할 것을 전제로 결혼 생활을 해나가고 있기 때문이다.

이혼하는 사람은 결혼 생활의 사소한 사건 하나하나 속에서 거의 조직적으로 '결혼 생활 유지가 곤란해질 듯한 옵션'을 선택한다(장시간의 노동으로 피폐해진다, 가정 밖의 복잡한 인간관계에 휩쓸린다, 친구에게 돌려받을 길 없는 돈을 빌려준다, 승산 없는 승부에 자진해서 나선다…… 등등). 그리고 그 옵션으로 일어난 부부간의 다툼에서는 "이 정도의 '시련'도 못 견딘다면 우리의 결혼 생활이나 애정은 '진짜'라고 할 수 없어"라는 변명을 스스로를 위해 준비해둔다.

거듭 말씀드리겠다. 이혼하기 싫은데도 이혼하는 사람은 없다.

　모든 이혼은 당사자 중 한쪽 혹은 쌍방의 근면한 노력으로 '이혼에 이르는 길'에 도달한 '골'이다. 한데 왜 이런 무참한 결말을 향해 우리는 발걸음을 재촉해야 했는가. 그에 대해 설명하기에는 이미 지면이 부족하다. 이어지는 이야기는 다음 회에!

제11회 이혼에 대해(뒷이야기)

계속해서 '이혼에 대해'.

사람은 왜 이혼하는가? 지난 회의 마지막 부분에 나는 이렇게 썼다.

거듭 말씀드리겠다. 이혼하기 싫은데도 이혼하는 사람은 없다.

모든 이혼은 당사자 중 한쪽 혹은 쌍방의 근면한 노력으로 '이혼에 이르는 길'에 도달한 '골'이다. 한데 왜 이런 무참한 결말을 향해 우리는 발걸음을 재촉해야 했는가……

우리가 이혼하는 것은 결코 우연이 아니다.

사람의 힘을 그렇게 깔봐서는 안 된다. 우리에게는 '강하게 생각한 일'을 실현시키는 잠재적인 능력이 있다.

우리의 이혼은 배우자 중 누군가가 이혼에 이르는 길에 대해 집중적으로 생각해온 결과다.

사소한 대화의 어긋남이나 착각에서 비롯된 미묘한 위화감, 이윽고 일상적으로 주고받는 가시 돋친 말, 어색한 침묵과 때때로 그것을 깨는 성난 목소리로 점철된 '결혼 생활 최후의 나날', 이혼 신청서에 도장을 찍을 때 두 사람 사이에 흐르는 얼어붙을 듯한 공기…… 우리에게는 그런 장면을 생생하게 상상할 수 있는 능력이 있으며, 그 능력이 우리를 '생각했던 바로 그' 장소로 데려간다.

수험생이 종종 책상 앞에 '필승 ○○대학!'이라고 큰 글씨로 써 붙여놓는 경우가 있다. 이것에는 나름대로 효과가 있다고 한다. 그 글씨를 보다 보면 점점 '그런 기분'이 들기 때문이다.

'그런 기분'이란 바꿔 말하자면 '구체성을 가진 망상'이다. 수험 교실의 긴장된 공기나 시험이 끝나 허탈함을 품고 집으로 돌아가는 전철에서 본 풍경, 합격 발표날 마당에 피어 있던 매화의 향기 등을 수험생이 자기 방 책상 앞에서 턱을 괸 채 생생하게 '망상'할 수 있게 되면 합격 확률은 상당히 높아진다. 그 '망상'이 지금 자신이 하고 있는 수험 공부와 몇 개월 뒤의 현실 사이에 '다리'를 놓아서 따분한 현실에 '즐거운 미래의 선금'을 제공해주기 때문이다. 미래는 자신에게 그 미래가 도래하는 모습을 생생하게 상상할 수 있는 사람에게 선택적으로 찾아온다. 그런 법이다.

이를테면 내가 일본 수상이 될 가능성은 제로지만(이 점은 분명히 단언할 수 있다), 이는 나의 능력이나 자질에 치명적인 결함이 있어서가 아니다('약간의 치명적인 결함'이라면 있지만). 그게 아니라, '일본 수상이 되기 위해 내가 밟아야 할 이런저런 수순이나 절차'를 구체적으로 상상하는 일이 나로서는 고역이기 때문이다.

나 같은 삼류 학자가 수상이 되기 위해 밟아야 할 절차라면…… 일단 미디어에 빈번히 출연해서 얼굴과 이름을 팔고, 어떤 정당의 후보자 선발 오디션에 응모하고, 응원해주는 후원 조직의 간부에게 머리를 숙이고, 선거 차량에 타서 흰 장갑을 낀 손으로 마이크를 잡고, 선거사무소에 다루마 인형*을 장식하고…… 이 부근까지 상상한 데서 인내심의 한계가 온다.

내가 수상은커녕 중의원의 의원조차 될 수 없는 이유는 나한테 정치 센스가 없기 때문도, 인심 장악술이 없기 때문도 아니다(실은 꽤나 있다). 그게 아니라, '그 직위에 오르기 위한 길'을 상상하는 데 내 나약한 상상력이 견디지 못하기 때문이다.

바꿔 말하자면 지금 일본에서 정치가가 될 수 있는 자는 선거사무소의 다루마 인형에 붓으로 눈을 그려넣거나 방송국 카메라 앞에서 볕에 탄 얼굴로 만세를 하는 자신의 모습을 상상하는 데서 지속적으로 희열을 느끼는 사람뿐이라는 뜻이다.

---

* 달마 대사의 좌선 모습을 본뜬 인형. 소원을 빌면서 먼저 한쪽 눈동자를 그려넣고, 그 소원이 이루어지면 다른 쪽 눈동자를 그려 넣는 풍습이 있다.

조지 부시가 그 정도의 재치로 미국 대통령이 될 수 있었던 가장 큰 이유는 '아버지가 대통령이었기 때문'이다. 딱히 조지 소년이 아버지 곁에서 통치의 핵심에 관한 제왕학을 배워서가 아니다. 그저 어린 시절부터 '대통령이 되기 위해 밟아야 할 수순'을 일상적인 풍경으로 보면서 자랐기에, 그 과정을 담담하게 걸어 나가는 자신의 모습을 상상하는 데 특별히 고생하지 않았기 때문이다.

목적지에 이르는 절차를 반복해서 그려보고, 그 길을 당연하다는 듯 걸어가는 자신의 모습을 명확하게 상상할 수 있는 사람은 상당히 높은 확률로 그 목적지에 다다를 수 있다. '꿈을 실현한다'는 것은 그런 일이다.

이야기가 퍽 다른 길로 샌 것 같지만, 여기까지 읽었다면 대체로 갈피를 잡으셨으리라.

이혼은 '하늘에서 내려온' 불행이 아니다. 그것은 어떤 면에서는 우리가 긴 시간을 들여 만들어낸 '작품'이다. 우리의 이혼은 우리가 '이혼에 이르는 길'을 구체적으로 상상하고, 게다가 그 상상으로부터 일종의 피학적인 '쾌감'을 얻은 결과다.

정년퇴직 후 갑자기 아내가 이혼 이야기를 꺼내서 남편이 기절초풍한다…… 이런 중노년 이혼이 최근 몹시 많다. 이런 종류의 이혼은 별다른 다툼 없이 협의가 척척 이루어진다. 이유는 간단하다. 이런 사례에서는 아내가 '불평 하나 없이 정숙하게 자신을 섬겨온 내가 갑자기 이혼 이야기를 꺼내면 저 바보 남편은 어떤 표정을 지으며 뒤로 나자빠질까……'라는 망상을 몇 십 년에 걸쳐 키우며, '이혼 시나리오'의 세부까지 묘사한 집필로 날마다 어느 정도 희열을 얻었기 때문이다. 세부까지 상상할 수 있는 미래는 그렇지 않은 미래보다 실현될 가능성이 명백히 더 높다.

오토바이를 운전한 적 있는 사람이라면 경험했겠지만, 코너링은 '코너를 깨끗하게 빠져나갔을 때의 체감'을 생생하게 예감할 수 있을 때 깔끔하게 해낼 수 있다. 반대로 클리핑 포인트*에서 뒷바퀴가 주르륵 미끄러지면……이라는 부정적인 상상을 하면 실제로 뒷바퀴가 미끄러져 무서운 일을 겪게 된다.

사람의 몸은 실시간으로 움직이지 않는다. 꼭 릴이 낚싯줄을 감아올리듯이 '미래'가 '현재'를 감는 방식으로 움직인다. 우리는 윤곽이 선명한 '미래상'을, 말하자면 '청사진'으로 골라서 그 밑그림대로 시간을 베껴나간다. 그러므로 부정적인 미래상을 반복해서 상상하는 습관이 있는 사람은 그 상상의 실현

---

* 차가 코너를 돌 때 타이어가 코너 안쪽으로 가장 가까이 접근하는 지점.

을 향해 곧바로 돌진하게 된다.

하지만 우리가 이혼에 이르는 길을 내달리는 이유는 물론 이뿐만이 아니다. 특히 남녀 관계에 관한 한 우리는 어째서인지 늘 '최악의 해석'을 고르는 경향이 있다.

약속 시간에 조금 늦은 것이나 사소한 착각, 별것 아닌 감정의 어긋남을 우리는 곧바로 '이별의 전조'가 아닐까 의심한다. 이 시기와 의심은 사랑이 '완벽'하기를 바라는 성실한 남녀 사이에서 보다 격해진다.

텔레비전 드라마에서는 여자 친구가 남자 행인에게 길을 가르쳐주고 있을 뿐인데도 그 장면을 멀리서 본 남자친구가 '아, 나 몰래 저런 남자와 사귀고 있었구나……'라고 멋대로 망상해서 단숨에 헤어지자는 이야기에 돌입하는 야단법석이 질리지도 않고 반복된다.

하지만 나는 이를 '소란'이라며 웃어넘길 수 없다. 진지하게 사랑하는 두 사람이, 그 사랑이 지나치게 깊은 나머지 '어떤 사건에서 생각할 수 있는 최악의 해석'을 번갈아 망상함으로써 사귀었다 헤어졌다 하는 것은 예로부터 연애 이야기의 설화적 정형이기 때문이다. '최악의 해석'으로 인해 생기는 어긋남과 클라이맥스에서의 오해 해소는 셰익스피어 연애극의 필살 패턴이다(『십이야』도 『한여름 밤의 꿈』도 『로미오와 줄리엣』도 『오셀로』도 모두 마찬가지).

남녀 관계에서는 상대의 행동에서 무언가 위화감을 불러일으키는 변화를 느꼈을 때, 그것을 일단 '애정이 사라지고 있는 조짐'으로 해석하는 편이 아마도 인간에게 '자연스러운' 일이리라. 우리는 사랑에 대해서는 무슨 일이 일어나도 평온한 마음으로 있기보다 사소한 계기로 절망하기를 선호한다. 왜 그런 행동을 하는지 그 이유를 나는 모른다. 하지만 어쨌거나 인간은 '그런 존재'다.

나는 여기까지 두 가지 이야기를 했다.

행복이든 불행이든, 미래에 대해 명확한 상상을 하는 사람은 그런 미래를 반드시 불러온다. 이것이 첫 번째 명제.

남녀 관계에서 상대가 하는 '이해 불가능'한 행동에 대해, 우리는 '생각할 수 있는 최악의 해석'을 선택하는 경향이 있다. 이것이 두 번째 명제.

이 두 가지를 종합하면, 우리 중 누구도 연애의 종말을 구조적으로 피할 수 없다는 결론이 나온다.

당연한 이야기다. 우리는 상대의 어떤 행동을 보든 '아, 이제 끝이다'라고 믿는 데서 벗어날 수 없으며, 그 믿음을 확실히 실현하기 위해 무의식적으로 몸과 마음을 움직이는 데서도 벗어날 수 없기 때문이다.

왠지 암담한 결론이 나와서 참으로 면목 없지만, 그렇게 낙담할 필요도 없다. 여러분은 이 리얼하고 쿨한 현실 인식'에서부터' 출발하면 되니까. 우리는 연애에서도 결혼에서도 반드시 '나쁜 쪽으로 방향키를 돌리는' 습관이 있다. 그렇다면 그 선천적인 '버릇'을 언제나 계산에 넣고 운전하면 된다.

러브 라이프에서 반성이 없으면, 우리는 반드시 파트너의 발언을 곡해하고 그들의 무작위한 언동에 대해 최악의 해석을 내리며 사랑의 종말이 눈앞에 다가왔음을 확신하여 끝을 재촉하려 든다. 그리고 그렇게 쿨하게 행동하는 자신에 대해 (어리석게도) '마음의 준비가 되어 있다' '상황보다 선수를 치고 있다'고 믿는다.

이것이 치명적인 착각이다.

우리가 파국을 향해 속도를 올릴 때, 사실 우리는 사고의 자유도 상상력도 빼앗겨 강제로 그렇게 '망상'하게 된다.

사랑에서 자유롭기를 바란다면 우리가 해야 할 일은 일단 하나밖에 없다. 그것은 사랑하는 사람의 '잘 이해되지 않은 언동'에 손쉬운 해석을 적용하지 않는 일이다.

'나는 이 사람을 잘 모른다(하지만 좋아한다)'라는 상쾌한 체념 속에 머무를 수 있는 사람만이 사랑의 주체가 될 수 있다.

제12회 증여에 대해

발렌타인데이 때 초콜릿을 받고 싶은데 못 받습니다. 받는 사람과 못 받는 사람. 여기서도 양극화가 진행되는 듯한데요, 못 받는 쪽에 속하는 저는 계속 이대로 못 받는 걸까요?

발렌타인데이 때 초콜릿을 많이 받는다(여러분 잘 먹었습니다).

초콜릿은 '받는 사람'과 '못 받는 사람' 사이에 크레바스가 존재한다. '받는 사람'은 산더미처럼 받고 '못 받는 사람'은 별로 못 받는다.

이 차이는 어디서 발생하는가. 이에 대한 질문이다.

이 행사의 취지를 착각하는 남성 여러분도 계실 터이니 리얼하고 쿨한 인류학적 사실을 말씀드리고자 한다.

'증여' 의례의 본래 취지는 '축복'이다.

'축복'과 '저주'는 종이 한 장 차이다.

다른 점이 있다면 '축복'은 '재앙이 일어나지 않도록' 하기 위한 장치고 '저주'는 '재앙이 일어나도록' 하기 위한 장치라는 것이다.

둘 다 '재앙'의 컨트롤과 관련 있다는 점은 같다.

남에게 선물을 줄 때 그 목표는 '어떤 일이 일어나는 것'이 아니라 '아무 일도 일어나지 않는 것'이다.

이는 신사나 절에서 향과 등불을 올리거나 새전함에 돈을 넣는 것과 마찬가지다.

그럴 때 여러분이 두 손 모아 비는 일은 '가족 건강' '오곡 풍작' '학업 성취'인데, 이는 전부 '나쁜 일이 아무것도 일어나지 않으면 달성될 일'이지 '엄청난 행운이 찾아와야 달성할 수 있는 일'이 아니다.

즉 '축복'은 '좋은 일'을 불러들이기 위한 의례가 아니라 '평범한 행복'의 실현을 가로막는 '나쁜 것'을 격려하기 위한 의례다.

주는 물건이 초콜릿이든 꽃다발이든 가다랑어 포든, 축복적 증여의 인류학적 이유는 같다.

발렌타인데이 때 받는 초콜릿이나 케이크는 '행신行神에게 바치는 찐빵'과 비슷하다고 봐도 크게 틀리지 않다.

행신은 딱히 사람들에게 온갖 좋은 일을 적극적으로 가져다주지 않는다. 그저 '거기에 있을' 뿐인 '센티널(감시인)'이다.

그런데 세상 사람들은 '그저 거기에 있으면서 모두를 가만히 지켜봐줄 뿐'인 '센티널'의 사회적 기능을 다소 얕잡아본다. 이런 경향이 있는 것은 슬퍼해야 할 일이다.

여러분 가운데는 '초콜릿을 못 받는 것'을 한탄하는 분도 계실 것이다. 초콜릿이 그대에게만 선택적으로 오지 않는 이유는, 그대가 초콜릿을 '여성의 적극적인 호의 표현'이라고 착각하는 탓이다.

'호의의 표현'을 받으면 이쪽도 '호의를 돌려줘야 해……'라고 생각하는 게 잘못이다.

초콜릿은 '호의의 표현'이 아니다. 그것은 '재앙을 미리 방지'하기 위한 '축복'이다. 그러므로 '우정 초콜릿'의 증여가 이 의례의 본래적 의미다.

'우정 초콜릿'의 본디 취지는 '채무의 상쇄'에 있다.

생각해보시라.

행신에게 찐빵을 바치는 사람이 행신의 '보답'을 기대하겠는가?

행신이 갑자기 밤중에 찾아와서 "오늘은 고마웠네. 뭔가 답례를 하고 싶은데, 뭐가 좋은가?"라고 물어보면 여러분은 심장마비를 일으킬 것이다.

왜냐하면 선물을 해도 '아무것도 되돌아오지 않는다'는 사실 자체가 '행신이 재앙을 미리 막아주고 있다'는 가장 큰 증거이기 때문이다.

당연한 이야기다.

행신에게 바치는 공물은 '악령 퇴치'와의 교환이니까.

시간의 순서를 착각해서는 안 된다.

'먼저 선물을 한' 자에게 '선물'이 오는 것이다. 자신은 아무 것도 하지 않은 채 '왜 선물이 오지 않을까'라고 한탄해 봤자 소용없다.

초콜릿을 못 받는 청년의 착각은 '초콜릿을 받는 것'부터 교환이 시작된다고 생각하는 데 있다.

'초콜릿을 받으면 다음에는 어떤 호의로 되돌려줄까'라고 생각하는 게 이미 '늦은' 것이다.

그렇지 않은가. 교환은 이미 시작되었다.

초콜릿 증여는 '예전에 네가 준 호의'에 대한 '호의의 반대급부'다. 그러므로 발렌타인데이 초콜릿은 본질적으로 그대가 준 선물의 가치를 상쇄하기 위한 '우정 초콜릿'이며, 나는 그것이 '바람직한 형태'라고 생각한다.

그런데 이렇게 말하는 우치다는 사람들에게 무엇을 선물했는가, 라고 반문하시는 분도 계시리라.

그래서 아까부터 말씀드리고 있지 않은가.

나는 '행신의 아케의 미소'*를 여러분께 선사하고 있다.

생긋.

---

* Archaic smile. 고대 그리스 조각의 미소 띤 듯한 표정.

제13회 대학에 대해

슬슬 프리터 생활을 접으려 합니다. 그래서 대학에라도 들어가볼까 하는데요, 앞으로 대학은 어떻게 되나요? 이제부터 저출산이 진행되어 정원을 채우지 못하는 대학도 나오는 모양인데 앞으로 대학에 가는 의미는 어디에 있을까요?

대학에 가는 의미가 있는지를 묻는 질문이다.

대학에 속한 사람으로서는 "물론이지"라고 즉답하고 싶지만, 좀처럼 그렇게 간단히 말씀드리기 어려운 사정이 있다. 그 사정의 원인을 상세하게 설명하고자 한다.

솔직히 말씀드려야 할 점은, 일본의 대학이 앞으로 어찌 될지 나는 전혀 짐작이 안 간다는 것이다. 그런데 대학의 장래에 대해 "어떻게 될지 전혀 짐작이 안 간다"라고 딱 잘라 단언하는 사람은 (대학의 안팎을 불문하고) 몹시 적다. 내 경험상 모르는 일에 대해서는 솔직하게 "모른다"고 말하는 편이 '아는 척' 하며 어물어물 이야기를 얼버무리는 것보다 피해가 적다. 그러므로 처음부터 결론을 말씀드리건대, 일본의 대학이 앞으로 어떻게 될지 나는 예상할 수 없다. 따라서 이 질문에는 대답할 수 없다.

그러나 '이런 식으로 되면 좋겠다'라는 바람만은 알려두고 싶다. 미래에 성취해야 할 무언가를 전망할 수 있는 경우와 그런 것을 하나도 생각하지 않은 채 흐름에 몸을 맡기는 경우는, 당연히도 나오는 결과가 상당히 달라지기 때문이다. "강하게 염원한 일은 반드시 실현된다"는 합기도 사부 다다 히로시 선생의 말을 격려 삼아, 다음에서 대학을 둘러싼 사회 상황에 대한 엄격한 '보고'와 앞으로 대학의 바람직한 방향에 대한 나의 '바람'을 써두고자 한다.

국립사회보장·인구문제연구소가 2002년 1월에 공개한 '일본의 장래 추계 인구'에 따르면 일본의 인구는 2006년에 정점에 달한 뒤 이후 감소 추세에 들어서서 2050년에는 9200만 명까지 줄어든다. 2006년의 1억 2700만 명에서 3500만 명이 줄어드는 것이다. 이는 동시에 65세 이상 인구의 급증과 생산 연령(15~64세)의 급감을 뜻한다.

대학이 입학생으로 맞이하는 18세 인구는 1992년을 정점으로 이후 급격한 감소 경향을 보이며 2011년까지의 20년 동안 40퍼센트 줄어든다. 이는 단순히 계산하면 지금 존재하는 종합대학과 전문대학(전국에 1,200개교 정도 있다) 가운데 40퍼센트는 시장에서 퇴장해야 한다는 뜻이다.

우선은 이러한 존망의 위기에 대비하여 일본의 대학이 이제껏 어떤 일을 해왔는지를 물어야 한다.

결론부터 말하자면 '아무것도 하지 않았다'는 것이 그 대답이다.

물론 18세 인구가 어디까지 줄어드는가 하는 데이터는 18년 전에 나와 있었으니 이에 대비할 시간은 18년이나 있었다. 하지만 그사이 일본의 대학 대부분은 이에 대한 유효한 방안을 생각하지 않은 채 그 세월을 보냈다.

어째서인가.

생각해보면 어떤 면에서는 당연한 일이다.

대학의 총장은 대체로 50대에서 60대로, '정년퇴임까지 앞으로 몇 년……' 하고 두 손가락으로 꼽을 수 있을 정도의 연배다. 이분들이 18년 뒤를 대비하여 거대한 조직 개혁에 몰두하는 것은 일반적으로 있을 수 없는 일이다. 이유는 간단하다.

뿌리까지 뽑아내는 조직 개혁의 경우 계획 책정, 학내 합의 형성, 자금 준비 등에 엄청난 시간과 품이 든다. 그럴 때 대학 총장들은 자신이 계획한 그 사업이 완성되는 모습을 끝까지 지켜보기는커녕 일에 착수하기도 전에 은퇴할 수도 있다. 자신이 앞장서서 시작한 프로그램이라면 역시 그 성패의 결과가 나와서 성공이면 만세, 실패면 사죄하는 데까지 나아가야 '기분이 정리되는' 것이 인간의 본성이다. 그러므로 재임 중은커녕 자신이 살아 있는 동안 성패 판정이 나올지조차 불확실한 거대 프로젝트에 손을 대는 사람은 웬만하면 없다.

게다가 사회 환경의 격변에 대비한 조직 개혁은 대부분의 경우 '아픔을 동반한 구조 개혁(이 말도 이제 사어구나)'을 뜻하므로, 프로그램 제안자가 학내 사람들의 반론, 공격, 매도, 중상모략 등을 빗물처럼 뒤집어쓰는 일은 일단 피하기 어렵다. 뼈를 깎는 노력으로 고안한 프로그램을 시작도 못한 사이에, 합의 형성을 위한 사전 교섭으로 말미암은 위장이 욱신거리는 걱정과 반대파의 매도 속에서 정년을 맞이하여 직장을 떠나는 것도 생각해보면 참으로 딱한 일이다.

그러므로 일본의 대학 총장들은 대부분 '조만간 대학이 픽픽 쓰러진다'는 확실한 전망이 나와 있음에도 불구하고, 결국 '아무것도 하지 않은 채' 이 세월을 허투루 살아온 것이다. 이것이 슬픈 현실이다. 하지만 일본 사회란 그런 곳이다. 이런 대학 총장의 달관적 태도는 재임 중에 사건화되지만 않으면 괜찮다며 차기 총재에게 불량채권을 떠넘긴 채 자신은 퇴직금 전액을 받고 달아난 1990년대 은행 총재의 사고방식과 몹시 닮았다.

하지만 역시 이 지경이 되니 드디어 일본의 대학 관계자도 눈앞의 위기를 외면하는 것이 용납되지 않는 상황에 이르렀다.

앞서 쓴 바와 같이 인구가 줄어드는 것은 이제껏 일본의 어떤 사회 제도도 상정하지 않았던 전대미문의 경험이다(필시 국가의 근간에 관련된 사업일 연금에 대해서조차 수지의 전망을 말할 수 있는 사람이 없을 정도로 이 사태는 '전대미문'이다).

'전대미문의 상황'에 부닥쳤을 때 가장 도움 되지 않는 것은 그것을 '이미 아는 것으로 환원하는' 형태로만 이해하는 두뇌다. 그런데 대학 총장 가운데는 대학의 위기를 기업의 경영 위기와 같은 느낌으로 생각하는 사람들이 적지 않다.

"이야기는 간단하잖아. 지출을 줄이고 수입을 늘리는 것. 그뿐이야."

그로써 해결되면 아무도 곤란하지 않을 것이다.

비즈니스의 경우, 시장은 노력에 따라 무한히 확대할 수 있다고 여겨진다. 이를테면 새로운 전자기기 시장은 '있는 듯 없는 듯'한 것이다. 소비자는 '갖고 싶다'고 생각하면 어떤 실리나 필요 없이도 작년에 갓 산 컴퓨터를 폐기 처분하고 거금을 투자해서 새 기기를 산다.

바꿔 말하자면 자본주의 사회에서 시장은 소비자의 '뇌' 속에 있다는 뜻이다. 뇌 속에서 욕망은 무한히 번식할 수 있다. 그러므로 상품의 시장 역시 원리적으로는 무한히 확대할 수 있다.

하지만 대학은 그리 되지 않는다.

대학은 대개 18살부터 22살까지의 무직자가 중심인 시장이다. 이분들의 대학에 대한 교육 투자는 옷을 사거나 차를 사는 소비 행동과는 완전히 다르다.

당연하지 않은가?

"나, 작년에 와세다대학 문학부 나왔는데 도쿄도 지긋지긋해져서 다음에는 어디 공기 좋은 곳의 농학부에 가고 싶어. 오비히로 축산대 같은 데 괜찮을까?"

일반적인 사람은 이런 식으로 생각하지 않는다. 대부분의 사람은 평생 동안 대학을 한 군데만 간다.

자본주의의 시장은 '원칙적으로 무한하다'는 것이 전제고 대학의 시장은 '원칙적으로 유한하다'는 것이 전제다. 우리는 '제로섬 게임'을 하고 있는 것이다. 이것이 비즈니스와 대학 경영 전제의 가장 큰 차이다.

어떤 대학에 사람이 모이면 그만큼 다른 대학의 몫은 줄어든다. 모든 대학이 현재의 경영 규모를 유지하기를 바란다면, 같은 업계의 타사 가운데 체력이 약한 곳부터 차례로 시장에서 철수해야 한다. 물론 생활이 걸려 있으니 어디든 간단히는 시장에서 철수할 수 없다. 아마도 앞으로 10년간은 필사적인 '대학 생존 전쟁'이 펼쳐질 것이다.

근대 일본에서 이것은 누구도 경험하지 못한 상황이다.

지금 미디어가 논하는 것은 연금이나 고령자 돌봄 문제지만, 그보다 더 심각한 것은 실질적인 인구 감소가 초래하는 '총

수요 감소'다.

하지만 이 문제를 정면으로 논하는 경제학자나 정치가는 거의 없다. 왜냐하면 이는 일본인이라기보다 (페스트로 인구가 4분의 3까지 줄어든 14세기 유럽을 거의 유일한 예외로 치면) 인류가 경험한 적 없는 사태기 때문이다.

경제학은 '인구 증가·물자 부족'을 기조로 하는 인류사회를 토대로 구축되어 왔다. 인구 증가·총수요의 일방적 증대를 한정된 자원으로 어떻게 변통할 것인가가 오랫동안 '경세제민의 학문'으로서 경제학이 요구받은 질문이다. 그러므로 '인구 감소에 따른 총수요 감소'라는 문제에 어떻게 대처할지에 관한 경제학이나 정치학은 존재하지 않는 게 당연하다.

이 나라는 지금 개벽 이래 이어져온 지속적인 인구 증가 사회에서 인구 감소 사회로 향하는 역사적인 전환점에 서 있다. 우리 가운데 그런 역사적 전환을 경험한 사람은 한 명도 없다. 따라서 우리는 '완전히 새로운 대학 만들기(경우에 따라서는 '완전히 새로운 대학의 소멸')'라는 난문을 앞두고 있는 것이다. 여기에는 그 어떤 '성공의 전례'도 없다.

"이럴 때 어떻게 하면 좋은지 나는 알아"라는 사람이 있다면 그는 거짓말쟁이다. 우리가 앞으로 이 상황에 대처하기 위해 강구할 수 있는 대책의 대부분은 '전례가 없는 것'이다. 이에 대해 "전례가 없으니까"라며 이를 가로막고 "이렇게 해서 잘 된 전례가 있으니까"라는 수법을 반복하는 대학 관계자는 앞으로의 대학에서는 필시 유해한 존재밖에 되지 않으리라.

그런데 견문이 미치는 한에서는 '완전히 새로운 대학 만들기'가 필요한 때임에도 불구하고, '대담한 개혁'을 단행한 대학은 거의 예외 없이 누구나 알고 있는 자본주의의 '도태 모델'을 토대로 약소 대학의 시장 퇴장에 따른 수급 관계의 조정을 목표 삼는다. 경영 노력을 한 대학은 '위너'로 살아남고 게을리·한 대학은 '루저'로 퇴장한다는 것이다.

아메리칸 글로벌리즘을 신봉하는 대학 경영자들은 "그것이 자본의 논리다"라며 눈을 부릅뜨고 위협하지만, 정말로 그것으로 괜찮은 걸까.

나는 회의적이다.

고등 교육은 약육강식의 시장 원리에 따라 최적의 대학이 도태를 면하고 살아남는 식의 과정을 밟지 않는다.

대학의 시장은 두 가지다.

'입구의 시장'이 신입생으로 들어오는 수험생들, '출구의 시장'이 졸업생을 받아들이는 기업이나 조직이다. 대학의 평가는 이 두 시장의 함수다.

그런데 그중 어느 쪽의 평가가 절실한가 하면, 생각할 필요도 없이 '수험생들'의 평가다.

가령 졸업생이 비즈니스 현장에서 전혀 평가받지 못해서 "그 대학 졸업생은 전혀 못 쓰겠어"라는 소리를 듣는다 해도 수험생을 안정적으로 확보하는 한 대학은 살아남을 수 있다. 반대로 아무리 실제 사회에서 평가가 좋아도 수험생을 불러 모으지 못하는 대학은 수험료 수입, 수업료 수입을 잃고 즉시 폐교로 내몰린다.

이 사실로부터 누구라도 알 수 있는 결론은, 대학은 무엇보다 '입구(교육 서비스에 돈을 내는 사람들)'를 우선적으로 배려해야 한다는 것이다. 다소 거칠게 말하자면 수험생이 대학에 대해 품고 있는 '꿈'이라는 '거짓말'과 사회가 대학에 요청하는 기술이나 지식 등의 '진실'을 비교했을 때, '거짓말'에 가진 돈을 거는 편이 '진실'을 우선하는 것보다 대학이 살아남을 확률이 높다는 뜻이다.

대학이 우선적으로 동향을 신경 써야 할 시장은 수험생이다.

그런데 여기에는 큰 문제가 있다. 수험생이 대학을 고를 때 기준으로 삼는 것은 그들이 그 대학에 대해 (종종 근거 없이) 품고 있는 '환상'이라는 점이다.

껄끄러운 이야기지만 내부자로서 정직하게 할 수 있는 말은, 대학 전체가 교육 개혁에 몰두하는 훌륭한 대학에 수험생이 오지 않고 성실한 자기 발전 노력을 거의 하지 않는 대학으로 수험생이 몰리는 일이 실제로 일어나고 있다는 것이다. 같은 현상은 대학뿐만 아니라 중고교 수험에서도 볼 수 있다. 우수한 학생이 모이는 학교는 '뛰어난 교육을 하는 학교'가 아니라 그저 '우수한 학생이 모이는 학교'다. 일류 대학의 브랜드 이미지를 담보하는 것은 그 브랜드에 이끌려 온 학생들 스스로의 지적 노력이다. '세련된 대학'의 브랜드 이미지를 담보하는 것은 그 브랜드 환상에 이끌려 온 학생들 스스로의 심미적 노력이다. 환상은 반드시 새로운 환상의 배양기가 된다. 그러므로 '환상'을 깔보면 안 된다고 말씀드리는 것이다.

여기까지의 이치로 보자면 이제는 '그러면 어떻게 수험생 속에 있는 이 환상을 부활시킬 것인가?'라는 전술 수준의 문제로 넘어가도 되리라.

하지만 현실에서는 그리 되지 않는다.

그 한 예를 들어보자. 인터넷에 올라온 기사(2003년 12월 15일자)다. 그대로 싣겠다.

2005년 4월에 개교 예정인 새 도립대학이 어학 수업을 민간의 영어 회화 학원에 위탁하는 방안을 검토하고 있다. 영어 회화 학원에서 대학으로 비상근 강사를 파견하는 방법은 사립대를 중심으로 퍼지고 있으며, 영어 회화 학원에 학생을 보내어 학점을 따게 하는 방식도 검토 중이어서 '수업 외주'가 실현되면 전국 첫 시도가 된다.

한편 어학을 필수 과목에서 제외하고 어학 실력이 뛰어난 학생은 수강하지 않아도 졸업할 수 있도록 한다. 이런 대처는 '대학 교육에서 어학이란 무엇인가'를 묻게 될 듯하다.

지금까지는 문학이나 언어학을 전공한 교수들이 어학을 담당하는 경우가 많았으나, "문학자로서는 권위가 있어도 반드시 어학을 잘 가르친다고는 할 수 없다"고 판단했다. 민간 영어 회화 학원에는 '살아 있는 영어'를 가르치는 노하우가 있으며, 음향기재도 잘 갖추어져 있기 때문에 "외국인 강사를 파견받을지 학생을 보낼지 검토하고 있다"고 한다. 교수를 많이 고용하는 것보다 인건비가 싸지는 장점도 있는 것으로 보인다.

Berlitz나 ECC 같은 대형 영어 회화 학원은 사립대학 등 수십 개교에 외국인 강사를 파견하여 전문적인 실천 영어를 가르치고 있다. 문부과학성은 "강사를 초빙하는 것은 괜찮지만 수업 내용이나 성적 평가까지 통째로 외부에 위탁하면 대학 수업이라고는 볼 수 없다"(고등교육국 대학과)라고 우려를 표했으며, 교수들로부터는 "어학 교육 경시"라며 비판의 목소리도 나오고 있다.

새 도립대는 졸업 요건 가운데 하나를 '외국어 기술(기능)'로 꼽는다. 일반 학생은 선택 과목에서 외국어를 골라서 배우지만, 해외 체류 경험자 등 탁월한 어학 능력을 가진 학생은 수업을 듣지 않고 다른 과목으로 돌려 유효하게 활용할 수 있다. 입학 당시의 어학 능력에 한정하지 않고, 재학 중 해외 유학을 하거나 자력으로 영어 회화 학원에 다니며 어학 능력을 기른 학생은 실용영어 기능검정 등으로 일정 수준의 어학 능력을 증명할 수 있으면 졸업 요건을 만족시킨 것으로 본다.

아까 나의 전술 수준에서의 시점으로 보면, 이것이 대학에게 '최악의 선택'이라는 사실은 누구라도 아시리라 생각한다.

영어 회화 학원에 수업을 '외주'하거나 영어권 나라에서 산 경험이 있는 사람에게는 영어 수업을 면제해주는 것은 '영어 회화 기술 습득'이라는 단기적 교육 목표에 한해 말하자면 합리적인 판단일 수도 있다. 하지만 '지적 센터로서의 대학'이라는 환상을 돌이킬 수 없는 방법으로 훼손한다는 점에서는 지극히 불리한 경영 판단이다.

만약 이 논리가 유효하다면, 집에서 독서하는 학생에게는 문학 수업을 면제해주고 체육 계열 동아리의 학생에게는 체육 수업을 면제해줘도 될 일이다. '자력으로 익힌 학력' 전체에 대해 면제 규정을 마련하지 않으면 도무지 이치에 닿지 않는다. 어쩌면 새 도립대학의 구상 기획자는 가능하면 그리 하고 싶을지도 모른다(그렇다면 최종적으로 대학은 교직원도 캠퍼스도 없이 학점 인정 업무를 하는 서버 하나만 있으면 된다. 도쿄도의 재정 부담은 얼마나 줄어들 것인가).

이런 교육관의 근본에 있는 것은 대학에서 가르치는 지식이나 교양, 기술은 '정량적인 학점'으로 분할 가능하고 어디에서도 '발권'할 수 있으며 어디에나 '유통'되고 어디서든 '환금'할수 있다는 '디지털 사고'다. 교토에서 시행 중인 '대학 컨소시엄(시내의 어느 대학에서 수업을 들어도 자신의 대학 학점으로 바꿀수 있는 제도)'도 아마 교육 실천의 '내용물'이 분할 가능, 배포가능, 휴대 가능한 시스템을 가장 좋은 형태로 꿈꾸고 있는 것이리라.

수업을 들은 뒤 출구 슬롯에 ID 카드를 꽂아 넣으면 "당신이 취득한 학점은 이로써 114학점이 되었습니다. 졸업 필요 학점까지 앞으로 10학점입니다"라는 안내가 나오거나, 컴퓨터로 딸깍딸깍 실라버스를 검색하면 아마존처럼 "이 과목을 이수한 사람은 이런 연관 과목도 들었습니다"라는 정보가 나오거나…… 요컨대 (지금 인터넷에서 이루어지는) '개인과 익명적시스템 사이의 교류'라는 꼴로 전개되는 커뮤니케이션 형태를 대학에서도 전면화하고 싶어 하는 분들이 많다는 뜻이다.

하지만 나는 이런 사고방식에는 동의할 수 없다.

이는 비즈니스 모드를 그대로 대학에 적용하는 일이며, 그로써 대학 교육을 통해 학생들이나 수험생의 삶까지 '정량 가능한 학점으로 디지털로 분해'하려 하는 사회의 추세에 편승하게 되리라 생각하기 때문이다.

물론 그런 디지털 커뮤니케이션이 매우 효과적인 경우도 있다는 사실을 부정하는 게 아니다(나 역시 인터넷 뱅킹이나 아마존을 활용하고 있다). 다만 대학 교육은 '그런 것'이 아니라고 말씀드리는 바다.

디지털 커뮤니케이션(정량 가능, 분할 가능한 지식 단위를 교환하는 시스템을 일단 이렇게 부르겠다)에는 치명적인 문제점이 있다.

바로 '자신이 아는 것'밖에 '주문'하지 못한다는 점이다.

일례를 들자면 올해부터 우리 대학에서는 종이 실라버스(개강하는 모든 과목의 수업 개요가 적혀 있는 전화번호부 같은 책) 배포를 중지하고 CD-ROM을 나눠줘서 자택 컴퓨터로 읽을 수 있게 했다. 그랬더니 어떤 일이 벌어졌는가. 학생들은 실라버스 읽기를 그만둬버렸다. 그 결과, 수업에 대한 정보가 입소문으로 이리저리 퍼져서 그 (근거가 수상쩍은) 입소문 정보를 바탕으로 이수 과목을 선택하는 '종이 실라버스 도입 이전'의 '원시 시대'로 돌아가고 말았다.

어째서 이런 일이 벌어졌는가 하면, CD-ROM에는 일람성이 없기 때문이다. 컴퓨터로는 '팔랑팔랑 훑어보며 재미있어 보이는 과목을 체크하기'가 불가능하다. 수천 개에 달하는 개강 과목을 컴퓨터 화면으로 스크롤하며 순차적으로 읽어나가는 학생은 없다. 여태껏 그 비슷한 일이 가능했던 이유는 실라버스가 종이였기 때문이다. 책은 '훑어보기'나 '듬성듬성 읽기'가 가능하다. CD-ROM으로는 그럴 수 없다.

이 사례로 명백히 알 수 있듯 디지털 커뮤니케이션은 '검색할 키워드를 사전에 알고 있는 정보'를 찾을 때는 유리하지만, '자신이 무엇을 검색할지 모르는' 사람에게는 거의 쓸모없다.

그러나 고등교육에서 가장 중요한 일은 학생이 '이미 알고 있는 지식'을 양적으로 확대하는 것이 아니라, 학생에게 '그런 게 이 세상에 존재한다는 사실조차 몰랐던 학술적 식견이나 스킬'과 느닷없이 마주치는 장소를 보장해주는 것이다.

가령 '라캉파 정신분석'이나 '하이데거 존재론' '레비나스 윤리학' 같은 학술 정보는 일반적인 중고생의 지적 스킴scheme에는 존재하지 않는다. 하지만 대학 교육을 디지털 커뮤니케이션 베이스로 만들면 아이들은 18세 시점의 지적 스킴에 '등록 완료'된 것 이외에는 접속할 수 없게 된다.

캠퍼스라는 무의미하게 넓은 공간이 필요한 이유는, 그곳에 가면 '자신이 알고 싶었던 것을 알 수 있기 때문'이 아니다. 그곳에 가면 '자신이 그 존재를 모른다는 사실조차 몰랐던 것'과 우연히 마주칠 가능성이 있기 때문이다. '캠퍼스를 어슬렁거리는' 작업이 반드시 필요한 이유는 그 때문이다. 캠퍼스를 어슬렁어슬렁 부유하다 보면 '뭔지 통 모르겠지만 굉장한 듯한 것'

과 '하는 말에는 모순이 없지만 왠지 수상한 것'을 직감적으로 분별해내는 전前지성적 능력이 차츰 몸에 배게 된다. 그리고 바로 그것이 어떤 면에서는 대학 교육의 가장 큰 목표다.

내가 대학의 '환상'을 소중히 여겨야 한다고 말씀드린 것은 딱히 수험생을 속여서 '실체 없는 것'을 강매하라는 뜻이 아니다(그런 말을 할 리가 없다).

우리가 취급하는 것은 대학인에게는 장사 도구인 지극히 실정적인 학술 정보이자 기술이다. 하지만 수험생들의 지적 뼈대 안에는 그것을 이름 붙일 단어가 '아직 없는' 경우가 종종 있다. 그럴 경우 그들의 눈에 그런 식견이나 기법은 일종의 환상적인 기운aura을 동반한 형태로 비친다. 아니, 그렇다기보다 이름 붙일 방도가 없는 '기운 같은 것'으로만 비친다. 나는 그 부분을 소중히 여기자고 말씀드리는 것이다.

학생이 '이미 아는 것'에 초점을 맞추어 그것을 양적으로 확대하는 교육을 할 것인가, 학생들이 '아직 모르는 것'에 초점을 맞추어 그것을 '욕망'하게 만드는 교육을 할 것인가. 나는 여기에 고등교육이 앞으로 고등교육으로서 살아남을 수 있을지 없을지를 가르는 분기점이 있다고 본다.

지금 시행되는 이런저런 대학의 교육 개혁 대부분은 '수험생이 원한다는 사실이 이미 자명한 실정적인 자격이나 능력'

을 제공할 것을 전면에 내세우고 있다. 그러나 나는 대부분의 교육 개혁은 '수험생이 이름을 모르는 채 막연한 〈기운〉만을 감지하여 욕망하는 식견이나 스킬'에 초점을 맞추지 않으면 성공하지 않으리라 생각한다.

나는 새 도립대학의 이 구상이 아마도 성공하지 못하리라 예측한다. 도의 공무원들이 대학은 디지털로 계량 가능한 교육 서비스를 '사는' 장소가 아니라는 근본적인 중요점을 이해하지 못하고 있기 때문이다. 교육이 무엇인지를 이해하지 못하는 사람이 학교를 좌지우지하면 어떤 재앙이 찾아오는지, 우리는 앞으로 그것을 이 대학 저 대학의 딱한 사례를 통해 뼈저리게 깨닫게 될 것이다.

제14회 학력에 대해

지난 회에서 대학에 들어가려고 생각했던 것은, 솔직히 세간에서 통용되는 학력을 만들고 싶어서이기도 합니다. 이것도 이력서에 공백인 시기가 있는 게 용납되지 않기 때문이에요. 프리터를 하면서 성실하게 '여행자'로 지내왔다 한들 그것은 이력이 되지는 않습니다.

거기에 저의 진실이 있어도 회사에서는 '공백' 취급이죠.

그래서 학력을 사칭하는 사람도 나오는 거겠지요. 하지만 사칭할 정도로 학력이 정말 중요한 것인가요?

요전에 학력을 사칭한 고가 준이치로 중의원 의원이 무시무시한 비난을 받은 일은 아직 기억에 선명하다. 아사히신문은 〈천성인어〉*에서도 다른 칼럼에서도 사설에서도 고가 의원의 학력 사칭을 문책했다.

그런데 학력 사칭이 그렇게 중대한 일일까? 시민으로서 용서할 수 없다고 핏대를 올릴 정도로 큰 죄일까?

경력 사칭, 특히 학력 사칭은 이 사회에서 거의 일상적으로 일어나고 있다. 너무도 당연해서 미디어가 보도하지 않을 뿐이

---

* 아사히신문의 간판 고정 칼럼.

다.

　교육기관이나 자격인정기관에 학력을 속이는 것은 불가능하다. 기업이나 관청의 신입사원 채용 때도 학력을 위조하기란 불가능하다. 그러나 이 두 경우를 제외한 거의 모든 기회에서 학력 사칭은 가능하다. 그리고 지금도 실로 많은 사람들이 학력을 사칭하며 살아간다.

　일본의 대학은 입학할 때의 편차치*로 서열화되어 있어서 대학에서 무엇을 배웠는지 진지하게 물어보는 경우는 없다.
　그러므로 우리 사회에서는 '도쿄대 중퇴자'가 무심코 "아, 대학은 일단 도쿄대예요"라고 자기소개를 하는 데 대해 본인도 딱히 양심의 가책을 느끼지 않으며, 나중에 중퇴라는 사실이 드러나도 그로써 사회적 평가가 돌변하는 일 역시 일어나지 않는다.
　그러나 중퇴자가 "아, 대학은 일단 도쿄대예요"라고 천명하는 것은 엄밀히 말해 학력 사칭이다.
　'들어간 대학'과 '나온 대학'의 경계선이 이렇게 흐리기 때

---

* 표준점수를 환산한 값. 일본에서는 이것으로 학력을 평가한다.

문에 '입학시험을 친 대학'이나 '들어가고 싶었던 대학'에 대해서도 아무 생각 없이 "아, 일단 와세다(의 입학시험을 쳤어/에 들어갈 수 있을 정도의 편차치였는데)요⋯⋯"라는 식으로 불쑥 말이 튀어나오는 경우가 생기는 것이다.

'뭐, 오늘 만나고 그대로 헤어질 스치는 인연이니까 들킬 리 없겠지⋯⋯'라는 아무래도 좋은 상황에서 한번 학력을 사칭한 사람은 그 일이 너무도 간단하다는 데 깜짝 놀라게 된다.

'잠깐만, 뭐야 이건. 학력은 말하기 나름이잖아?'

그리하여 이것이 '버릇'이 된다.

편의점이나 비디오 가게에서 아르바이트를 할 때 '졸업증명서 및 성적증명서 제출'을 요구받는 경우는 없다. 경력자를 채용하는 중소기업에서도 일단 이력서에 기재된 사항을 증명할 문서를 가져오라고 요구하는 일은 없다.

학력을 사칭해도 실질적인 손해가 딱히 없기 때문이다.

"어라, 야마다도 와세다야?"

"응, 그런데 학교는 전혀 안 가고 밴드만 했는걸⋯⋯"

"우와, 와세다구나. 흠. 머리가 좋은가 봐."

"저기, 에미. 다음에 같이 술 마시러 안 갈래?"

이런 전개가 펼쳐지면 '몹시 곤란할' 사람은 야마다와 에미 주위에는 일단 아무도 없다.

에미가 머지않아 야마다를 집에 데려와서 어머니한테

"이쪽은 야마다. 겉모습은 가벼워 보여도 와세다야"

라고 소개하면 야마다도 이제는 빼도 박도 못하게 되어, 경우에 따라서는 결혼식에서 중매인의 "신랑 야마다 군은 와세다대학을 우수한 성적으로 졸업했고……"라는 소개를 뺨을 붉히며 듣는 일도 인생에서는 적지 않게 일어난다.

그런 식으로 '뭐, 들어가려고 마음만 먹었다면 못 들어가지도 않았을 대학이니 〈들어갔다〉고 해도 과언이 아니지'라는 변명을 스스로에게 되풀이하는 가운데, 참으로 신기하게도 본인도 자신의 거짓말을 믿기 시작하는 것이다.

그렇게 학력을 사칭해온 사람들은 이 세상에 많다. 여러분이 상상하는 것의 수십 배라 생각해도 크게 틀리지 않으리라.

그대가 사귀는 남자친구가 만약 그대를 본가의 '어머니'에게 소개하려 하지 않고 "나를 바비라고 불러줘"라는 말을 무심코 내뱉는 남자라면, 그가 말하는 학력은 일단 90퍼센트의 확률로 거짓이라 여겨도 좋다.

어째서 이다지도 학력 사칭이 많은가.

뜻밖에도 학력 사칭은 '수고만 마다하지 않으면 누구라도 진위를 판정할 수 있기 때문'이다. 대학 학생과나 교무과에 전화하면 (귀찮아하겠지만) 반드시 진위는 판명된다.

그리고 여기에 인간이 빠지기 쉬운 확신의 늪이 있다. 바로 그렇기 때문에 '전화 한 통으로 조사할 수 있는 일에 대해 거짓말을 할 리 없다'는 추론을 하고 마는 것이다.

또 하나 더.

우리 사회에서는 자신이 나온 대학에 대해 주절주절 자랑하는 인간보다, 출신 대학에 대해서는 학교 이름만 말할 뿐 거기서 무엇을 했는지는 "글쎄, 딱히……"라며 그 화제를 마무리 짓고 싶어 하는 사람에게 '호감을 느끼는' 경향이 있기 때문이다.

학력 사칭자의 공통점은 대학에서의 생활이나 거기서 얻은 지식, 기능에 대해 자세히 이야기하기를 꺼린다는 것이다(당연하지). 그러나 이는 대학이 일류 학교일수록 오히려 '겸손'의 징후로 받아들여진다.

"야마다는 UCLA를 나온 모양인데 영어를 잘 하는 척을 안 하더라."

"맞아, 요전에 외국인 손님이 왔을 때도 말 한 마디 없이 대걸레로 바닥을 닦더라니까."

"야마다의 그런 점이 좋아, 나는."

이런 식으로 역효과를 불러일으키기도 한다.

그런 여러 요인의 복합적인 효과로 인해, 일본 사회에서는 매우 많은 분들이 상사에게도 동료에게도 배우자에게도 자식들에게도 들키지 않은 채 학력을 사칭하며 살아간다.

하지만 나는 그들을 비난하려는 것이 아니다.

'들어가려고 마음만 먹었다면 못 들어가지도 않았을 대학이니 〈들어갔다〉고 해도 과언이 아니지'라는 변명에 나도 그만 고개가 끄덕여지기 때문이다.

분명 그렇다고 생각한다.

학력 따위는 '그 정도의 것'으로 취급해도 좋지 않은가.

사람들은 인간 하나하나의 식견이나 기량을 자기 힘으로 판정할 자신이 없으므로 학력을 참조하려 한다. 하지만 사실대로 말하자면 상대의 인품이나 됨됨이를 감정할 때 학력 같은 건 정보로서 거의 가치가 없다.

그러므로 나는 학력 따위는 아무래도 좋다고 생각한다.

아사히신문이 발끈하는 모습을 보며 느끼는 점은 '아아, 이 기사를 쓴 사람들은 자신의 학력을 엄청나게 중시하는 모양이군'이다. 이 학력이 없었다면 지금의 위치에는 도달할 수 없었으리라 믿기 때문에 타인의 학력 사칭을 '권리 침해'처럼 느끼는구나 싶다.

나도 고가 중의원 의원은 얼른 의원직을 사직하는 편이 좋다고 생각한다.

하지만 그것은 '학력 같은 귀중한 정보를 사리사욕으로 더

럽혔기 때문'이 아니다. 학력 같은 아무래도 좋은 정보를 '귀중한 정보'라고 굳게 믿고 학력을 사칭했기 때문이다. 학력 편중자와 학력 사칭자는 양쪽 다 '학력으로 인간을 판정할 수 있다'고 믿는다는 점에서 '정신적 쌍둥이'다. 그리고 나는 그 쌍둥이에게 국정이나 여론을 맡기는 데 적잖이 불안을 느낀다.

제15회 상상력과 윤리에 대해

"남의 입장이 되어서 생각해봐!" 자주 듣는 말입니다만 저는 왠지 위화감을 느낍니다. '남의 입장이 되는 것'과 '상상력을 발휘하는 것'은 같은 뜻일까요?

먼저 최근 경험한 사례를 하나 소개하겠다.

대학원 세미나에서 자본주의에 대해 토론한 적이 있다. 이런 이야기를 할 때 느끼는 점은 '비즈니스 경험'의 유무가 사람의 사회관에 커다란 영향을 끼친다는 것이다.

당연히도 학생 원생 가운데 (회사원 경험자나 아르바이트를 한 적 있는 사람은 얼마든지 있지만) 비즈니스 경험자는 하나도 없다.

그래서 원생들이 자본주의를 논할 때의 시점은 '소비자'와 '임금 노동자'에 한정되어 있으며, '경영자(지금의 문맥으로는 '자본가')'의 시점은 구조적으로 결여되어 있다.

마르크스의 저서만 해도 '노동자'와 '소비자'의 시점은 있지만 '자본가'의 시점으로 쓴 부분은 거의 없다. 자본가는 '오로지 이윤 증대를 추구하는 자'라는 지극히 단순한 정의로 아울러져 있다.

그러나 현실의 자본가는 현실의 소비자나 노동자가 그러하듯 '살아 있는 인간'이지 단순한 기호가 아니다. 그들의 행동에는 종종 '이윤 증대' 이외의 인적 요소가 크게 관여한다.

아시다시피 법 개정에 따라 자본금이 1엔이라도 주식회사 설립이 가능해졌다. 다시 말해 실정적인 생산 수단을 소유하지 않아도 휴대전화 한 대와 컴퓨터 한 대가 있으면 누구든지 '기업가'가 될 수 있는 시대다.

'누구든지 기업가'인 시대임에도 불구하고 '자본가'는 어떻게 행동해야 하는지에 대한 학문적 고찰만은 쏙 빠져 있다. 있는 것은 『카를로스 곤*의 경영을 말하다』라든지 『유대인 대부호의 가르침』 등의 '성공담'뿐이다. 그러나 자본가는 산업자본 단계든 후기자본주의 사회든 이윤 추구만 하는 게 아니다. 이 점은 『베니스의 상인』 시대부터 마찬가지다.

이 점을 사상捨象하고 '자본가는 이윤을 추구하는 자다'라는 식으로 엉성하게 아울러버리니, 그런 말을 들으며 자란 사람들은 '내가 자본가라면 어떻게 행동해야 할까?'라는 질문을 스스로에게 던져볼 생각을 못하게 된다.

그 덕분에 사회주의 국가의 실험이 증명했듯 마르크스주의

---

* 위기에 빠진 닛산자동차를 성공적으로 재건해낸 경영인.

자에게 기업 경영을 시키면 그들은 모두가 '공공의 복리'보다 '사리사욕'을 추구하게 되었다.

어쩔 수 없는 일이다.

자본가는 악당이다, 라고 어린 시절부터 교과서에서 배웠으니까.

자신이 자본가가 되면 악당이 될 수밖에 없지 않은가.

나는 사회주의 경제가 붕괴하고 자본주의가 된 것은 시스템 탓이 아니라 인간에 대한 이해가 부족한 탓이라고 생각한다.

'자본가는 어떻게 행동하는 것이 정치적으로 적절한가?'라는 질문에 대해 좌익 학자들은 결코 진지하게 생각해보지 않는다. 자본가는 '악당'으로 정해져 있으므로, '자본가로서 적절한 행동'이 있다면 즉시 생산 수단을 인민에게 반환하고 자신도 프롤레타리아적 인격 형성에 엄숙히 힘쓰는 것 말고는 없다.

그러므로 좌익적 발상을 하는 사람은 '내가 자본가라면 어떻게 행동할까?'라는 상상의 질문을 스스로에게 던지는 법이 없다. 하지만 실제로 자본주의 사회에서 살아가는 우리에게 그것은 매우 중요한 상상력 활용법이 아닐까.

자본주의에 관한 논의로 통감한 사실은 학생 원생들 가운데 '내가 기업 경영자라면'이라는 상상의 시뮬레이션을 곧바로 할 수 있는 사람이 거의 없다는 점이었다. 뭐, 그것도 당연한 일이다. 어지간한 부르주아의 자제라면 또 모를까, 평범한 학생이 초등학교부터 대학교까지 친밀하게 접해온 어른들 가운데 '자본가'는 아마 없을 것이다. 미디어에서 자본주의론을 말하는 지식인도 자본가가 아니고 대학에서 경제의 구조를 가르치는 선생도 자본가가 아니다. 하지만 우리가 정말로 상상력을 발휘해야 할 대상은 '공감할 수 있는 인간'이 아니라 '공감할 수 없는 인간'이 아닐까.

그렇다면 '상상력을 발휘하는 것'이란 과연 무엇인가?

일상적인 사례를 하나 더 들어보겠다.

지난번 우리 학교 시험에서 수백 장의 '일문 영역'을 서걱서걱 채점해나갔을 때의 일이다.

영역해야 할 문장 가운데 '성姓이 없는 어부, 만지로'가 있다. 정답은 'Manjiro, a fisherman without family name'. 그런데 'Manjiro, a fisherman without sex'라는 답안이 나와서 나는 놀라 자빠졌다. 어째서 이런 번역이 나왔는지 짐작도 가지 않았기 때문이다. 다른 채점자 선생이 말해줘서 겨우 깨달았다.

'성姓'을 '성性'으로 잘못 읽은 것이다.

굉장한데.

처음에는 "굉장하네"라며 껄껄 웃었지만 같은 답안이 다섯

장, 여섯 장 나옴에 따라 얼굴이 조금 새파랗게 질렸다.

지금의 수험생 가운데는 '존 만지로*(의 이야깁니다, 이게)'를 '뉴하프'**나 '오스기와 피코'***처럼 텔레비전에 차츰 나오는 캐릭터 '같은 사람이구나' 하고 넙죽 납득하는 사람이 적지 않다는 뜻이다.

이는 부주의하거나 한자를 못 읽는 게 아니라 '지금 텔레비전에 나오는 것 같은 사람들'이 동서고금 어느 사회에나 존재한다는 것을 당연히 여기는 역사 감각을 반증한다.

상상력이라 하면 우리는 곧 ('빨간 머리 앤'처럼) 자유자재로 마음껏 공상하는 로맨틱한 능력이라고 생각하지만, 나는 상상력을 그런 것으로 보지 않는다. 상상력을 발휘한다는 것은 오히려 지적이고 내성적인 활동이다.

그런 뜻에서 without sex라는 답안을 쓴 수험생은 결코 상상력이 분방한 게 아니다. 그들이 상상할 수 있는 영역 안에는

---

* 에도 막부 말기에 통역가로 활동한 인물. 어부로 태평양에서 표류해 섬에서 143일간 지내다가 미국 포경선의 구조로 미국으로 건너가 각종 서양 기술과 문명의 실상을 배우고 와 일본 근대화에 적지 않은 영향을 주었다.

** 남성으로 태어났으나 여성의 모습으로 살아가는 사람들을 지칭하는 일본의 조어. 여장만 하는 경우, 성호르몬 주사를 맞는 경우, 수술을 통해 성전환을 하는 경우 등 여러 형태가 있다.

*** 영화평론가인 오스기와 패션평론가인 피코 형제. 쌍둥이인 두 사람은 둘다 게이다.

'성性이 없는 사람'은 있어도 '성姓이 없는 사람'은 없기 때문이다. 에도 시대까지 사무라이 신분 외에는 성姓을 가지는 것과 칼을 들고 다니는 것이 허용되지 않았다는 사실을 중학교에서 배웠으니, '성姓이 없는 사람'과 '성性이 없는 사람' 가운데 어느 쪽이 개체수가 많았을지 쉽게 상상할 수 있을 터다. 그렇게 상상하지 못했다는 것은 오히려 그들에게 현저하게 '상상력이 결핍되어 있다'고 말해야 한다는 뜻이다.

상상력이란 '현실에서는 본 적도 들은 적도 없는 것'을 머릿속에서 그리는 힘이다. 이를 위해서는 자신이 지금 보는 것은 '누군가가 보여주는 것'이 아닌가, 자신이 상상할 수 있는 것은 '상상 가능하도록 제도적으로 주어진 것'이 아닌가 하는 의심을 품고, 그 프레임의 '바깥'을 향해 필사적으로 발버둥질해 나가려는 의지가 있어야 한다. 상상력을 발휘한다는 것은 '분방한 공상을 즐기는 일'이 아니라 '자신이 〈분방한 공상〉이라고 생각하는 것의 빈약함과 한계를 염려하는 일'이다.

그래서 나는 "남의 입장이 되어서 생각한다"는 말을 아무래도 신용할 수 없다.

분명 나도 자주 듣긴 한다.

"우치다, 남의 입장이 되어서 생각해봐"라든지 "우치다, 남의 아픔을 알아줘"라든지.

어지간히 '남의 입장이 되어보지 않는 녀석' '남의 아픔에 무감각한 녀석'이라고 여겨지는 모양이다. 하지만 나는 진실을 지적받은 경우에는 반론하지 않는 주의이므로 고개를 숙이고 잠자코 있다.

그러나 잘 생각해보면 '남의 입장이 될 수 있다'는 것이 다들 말하는 만큼 '좋은 일'일까? 애초에 그런 말을 하는 분은 정말로 '남의 입장이 되어' 있을까?

"네 입장이 되어서 생각해봤는데, 우치다. 그 일은 반드시 그만두는 편이 좋아. 나중에 후회한다니까"라는 우정 어린 충고를 나는 여태껏 몇백 번이고 들었다. 죄송하지만 나는 그런 말에는 한 번도 귀를 기울인 적이 없다. 왜냐하면 '그런 말을 하는 사람은 신용하지 않는 편이 좋다'고 직감이 알려주기 때문이다.

생각해보면 그렇게 경망스럽게 '남의 입장이 될 수 있는' 게 아니다.

'우치다의 입장'이 되어 생각해봤다는 분은 과연 나의 내면에 어떤 사념이 소용돌이치고 어떤 악의가 회오리치며 어떤 '번뇌의 개'가 컹컹 짖어대는지 아시는 것인가?

필시 모르시리라.

아신다면 결코 나를 위해 충고를 하려는 호의적인 기분이 들 리가 없다.

프로이트가 가르쳐주듯 '나는 좋은 사람이다'라고 생각하는 이의 경우, 사악한 사념은 무의식적으로 '억압'되기 때문에 결과적으로 반드시 겉으로 노출된다. 그러므로 스스로를 좋은 사람으로 여기는 이가 무엇을 생각하는지는 대체로 고스란히 드러난다.

반면 '나는 악인이다'라고 생각하는 사람의 사악한 사념은 의도적으로 은폐되므로 보통은 타인에게 알려지는 경우가 없다. 나는 스스로가 나쁜 놈이라는 사실을 잘 알고 있으니 내 갖가지 사악한 사념은 엄중히 봉인되어 무의식의 회로에서 줄줄 새어 나오는 일은 없(을 것이)다.

그러니 너무도 경솔하게 "남의 입장이 되어본다"는 말은 안 하는 편이 좋지 않을까.

하지만 그럼에도 불구하고 '남의 입장이 되어보는' 상상력을 발휘하여 '남이 자신에게 하지 말았으면 하는 일은 남에게 하지 않는다'는 것을 윤리의 기초로 삼으려는 분이 적지 않다.

그러나 그런 상상적 공감이 윤리의 기초가 되는 게 가능한가?

니체에 따르면 감정이입을 기초로 삼을 수 있는 것은 '노예의 도덕'뿐이다.

왜냐하면 '타인과 똑같이 행동하고 똑같이 느끼며 똑같이 생각하고 똑같이 욕망하는 것'이 니체가 말하는 '가축 무리'의 기본적인 태도이기 때문이다.

모두가 모두의 '입장이 되어 생각'할 수 있는 사회란 바꿔 말하자면 모두가 각자의 '동류'가 된 사회다. 모두 밋밋하고 똑같은 얼굴을 한 인간들이 죽 늘어서서 서로의 기분을 손바닥 들여다보듯 아는 사회. 그곳이라면 확실히 감정이입이 손쉬우리라.

하지만 그것을 과연 인간이 '윤리적으로 살고 있는' 상태라 부를 수 있을까?

홉스나 로크 같은 영국의 근대 사회 이론가들과 니체의 차이점은, 전자는 '인간은 남의 입장이 되어 생각할 수 있다'는 상상력을 '윤리'의 기초로 삼았으나 후자는 그런 상상력이야말로 인간을 '가축 무리'로 전락시킨다고 봤다는 데 있다.

나는 이 점에 대해서는 니체의 통찰력이 더 깊이 있다고 생각한다.

단, 그 뒤가 문제다.

니체는 '노예의 도덕'의 반대 개념으로 '귀족의 도덕'이라는 것을 고안했다. 이는 '가축 무리'나 '노예'를 보면 '구역질이 나는' 감각을 척력 삼아 인간을 향상시키자는 전략이다.

"윽, 저런 패거리들과 똑같이 취급하지 말아줘"라는 혐오감을 용수철 삼아 인간적 성장을 꾀하려는 것이다.

윤리적으로는 모순이 없지만,『도덕의 계보』를 썼을 때 니체가 미처 깨닫지 못했던 점이 있다.

바로 '가축 무리'는 "가축 무리를 보면 구역질이 난다"고 말하는 '귀족 흉내'도 간단히 낼 수 있는 터프한 생물이었다는 점이다.

그로부터 한 세기 뒤에 "나, 니체를 읽고 저 바보 녀석들을 죽이고 싶은 기분을 알게 됐어"라고 지껄이는 아이들이 나오리라고는 그 천재도 상상하지 못했으리라. 대중은 니체가 생각한 것보다 '더한층 바보'였다.

그 참담한 결과는 아시는 대로다.

'대중을 혐오하는' 감각이 대중적으로 공유되는 시대. 그것이 니체 이후의 대중사회다.

따라서 현대의 대중사회에서 "대중은 말이야……"라는 구절로 시작되는 말에는 약간의 경계심이 필요하다. 주류를 비판하는 말 자체를 주류가 즐기는 시대에서 주류에 대해 이야기하는 말(이를테면 지금 내가 쓰고 있는 이런 말 그 자체)을 어떻게 비판적으로 읽을지는 '미디어 리터러시'의 중요한 과제다.

또 하나 더, 실례를 들어 생각해보고자 한다.

어젯밤 잠자리에서 읽은 무라카미 류의『성공연애특강(원제: 연애의 격차)』가운데 몹시 인상적인 구절이 있어서, 조금 길지만 재수록해보겠다.

나는 언제나 주류에 대한 불안과 공포를 품고 있다. 스스로가 비주류에 속한다는 자각이 있는 것은 아니지만, 주류가 히스테리 상태에 빠지면 나는 반드시 공격당하리라는 확신 같은 게 있기 때문이다. 그 확신은 내가 대전제적으로 주류를 싫어한다는 데 원인이 있다. (……)

내가 주류를 혐오하는 이유는 진짜 다수파 같은 건 존재하지 않는데도 어떤 한정된 지역 혹은 한정된 가치관 안에서의 주류라는 것만으로 위기에 빠진 다수파가 소수파를 공격하는 경우가 있기 때문이다. 또한 비주류라 불리는 사람들도 그 소수파의 틀 안에서 자잘하게 등급을 나누어 소수파끼리 내부의 소수파를 공격하는 경우가 있다.

잊을 수 없는 사진이 있다. 제2차 세계대전 전 독일에서 유대인들이 무릎을 꿇고 거리를 칫솔로 닦는 사진이다. 어떤 인물이 어떤 종교에 속해 있다는 이유만으로 그 사람의 인격이나 법적 입장과 관계없이 차별하는 것은 가장 부끄러운 행위지만, 우리는 입장이 위태로워지면 그것을 부끄럽다고 느끼지 않게 된다.

나는 무슨 일이 있어도 종교나 신조의 차이로 타인을 무릎 꿇려 거리를 닦게 하고 싶지 않다. 그것은 내가 휴머니스트여서라기보다, 그런 일이 합리적이지 않다는 합의를 형성해두지 않으면 언제 내가 무릎을 꿇고 거리를 닦게 될지 모르기 때문이다.

우리는 상황이 변하면 언제라도 비주류로 분류될 수 있는 가능성 속에서 살고 있다. 그러므로 평소에도 상상력을 발휘하여 비주류 사람들을 고려해야 한다. 반복해서 말하건대 그것은 휴머니즘이 아니다. 우리 자신을 구원하기 위한 합리성이다.

(무라카미 류 『성공연애특강』)

무라카미 류의 에세이는 현대 일본 사회의 주류에 대한 경멸과 혐오로 넘친다. 하지만 그런 무라카미 류의 에세이는 그가 비판하는 바로 그 현대 일본 사회의 주류가 거의 열광적으로 애독한다. 이 '꼬임'을 우리는 어떻게 풀 수 있을까.

이 인용 외에도 무라카미 류가 일관적으로 하는 말은 '윤리적으로 사는 것은 긴 안목으로 보면 경제 합리성에 부합한다'는 것이다. 이는 레비스트로스가 말하는 구조인류학의 내용과도 일맥상통한다.

모두 함께 살아감에 있어서 가장 합리성 높은 삶을 우리의 선조들은 '윤리'라고 이름 붙였다.

윤리는 합리성의 앞에 있지 않다. 오히려 윤리에 들어맞는 삶을 '합리적'이라고 한다. 일의 순서를 착각하지 말자.

'윤리'의 '윤倫'은 '서로 순서를 이루어 상대하는 관계'를 말한다. 유類도 그 계통의 말이다. '전체가 하나의 질서를 이루는 상태의 것', 다시 말해 '공동체'다(시라카와 시즈카 『자통字通』). 즉 '윤리'란 '공동체의 규범' '사람들이 함께 살아가기 위한 이치'다.

무라카미는 "그것은 휴머니즘이 아니다"라고 썼지만 '일의 이치'를 '이치'로서 인지할 수 있는 생물을 '인간'이라 부르는 것이 본래 말의 정의라면, '윤리'가 '공동체 입장에서의 합리성'인 이상 '합리성과 배치되는 윤리'라는 것은 원리적으로 있을 수 없다.

단기적으로는 합리적이지만 장기적으로는 합리적이지 않은 행동이 있다. 혹은 소수의 사람만 한다면 합리적이지만 일정 수 이상이 동조하면 합리적이지 않은 행동이 있다.

이를테면 '타인의 생명과 재산을 자유롭게 찬탈해도 된다'는 규칙은 힘 있는 자에게 단기적으로는 합리적이지만, 그것이 장기간에 걸쳐 계속되면 최종적으로는 '한 명의 강자'에게 모든 부가 모여서 그를 제외한 모든 사람이 죽거나 노예가 되어 공동체가 무너진다.

아이를 기르는 것은 여성의 사회적 활동에 지장을 준다. 그러므로 "나는 아이를 안 낳을 거야"라고 말하는 여성은 다른 여성보다 높은 임금과 지위를 얻을 가능성이 크다. 그러나 모든 여성이 사회적 성취를 추구하여 아이 낳기를 그만두면 '사회’가 사라지므로 임금도 지위도 없어지게 된다.

어떤 전략이 ‘장기적으로 계속해도 합리적인지 아닌지’ ‘일정 수 이상의 개체가 채택한 경우에도 합리적인지 아닌지’에 관해서는 반드시 손익분기점이 존재한다. 그러나 이를 확인할 수 있는 것은 탁월한 지성뿐이어서 우리 같은 평범한 사람에게는 상당히 어려운 일이다.

그러므로 공동체의 합리성을 고려하여 ‘장기적으로 계속한 경우’나 ‘일정 수 이상의 개체가 채택한 경우’에 이익보다 위험성이 높아지는 생존 전략은 한데 모아 ‘옳지 않다’고 본 것이다.

윤리가 ‘옳지 않다’고 보는 것 가운데는 ‘단기적으로만 한 경우’나 ‘일정 수 이하의 개체만 한 경우’에는 이익이 더 큰 행동도 포함되어 있다.

그러므로 윤리에 대한 이의 제기는 대부분 ‘단기적으로 본 경우’ ‘나만 그것을 한 경우’에는 합리성에 부합한다는 논거를 뒷받침 삼아 이루어진다.

“사람을 죽이는 게 왜 나빠요?”

이렇게 묻는 아이는 누군가가 자신의 목구멍에 칼을 대고 “있죠, 사람을 죽이는 게 왜 나빠요?”라고 주위 사람들에게 물을 때도 자기가 그 질문을 따라 외칠 수 있을지를 상상하지 않는다.

유대인을 박해한 독일인들은 '독일인이니까'라는 이유로 무릎을 꿇고 거리를 칫솔로 닦는 자신의 모습을 상상하지 않는다.

윤리적이지 않은 사람이란 '자신과 같은 인간으로만 가득 차게 된 사회'의 풍경을 상상하지 못하는 사람이다.

무라카미 류의 자성이 그에게 박수 치는 독자의 자성보다 깊이 있는 이유는, 그가 '사회 전원이 나 같은 사람이 되면 어떻게 될까?'라는 질문을 스스로에게 던지기를 게을리하지 않기 때문이다.

우리가 스스로에게 부과해야 할 윤리적 규범은 어떤 면에서는 간단하다.

바로 사회 전원이 '나 같은 인간'이 되어도 살아갈 수 있는 사람이 되는 것이다.

'남의 입장이 되어서' 상상력을 발휘하고 정치적 정의를 추구하는 사람 대부분은 사회 전체가 '나 같은 사람'으로만 가득 찼을 때 어떤 기분이 들지를 상상한 적 없다.

내가 나의 '동료'로 허용할 수 있는 이는 "우치다가 뭘 생각하는지는 모르겠지만 좋을 대로 해"라고 말해주는 사람, 사회에 갖가지 트러블이 생겼을 때 "나쁜 건 누구야?"라는 남 탓하는 설문 형식에 집착하지 않고 "뭐, 이것저것 곤란한 일은 있지만 모두 함께 조금씩 트러블의 책임을 집시다"라고 말해주는 사람이다.

무라카미 류는 "그러므로 평소에도 상상력을 발휘하여 비주류 사람들을 고려해야 한다"고 결론짓는다. 여기서 '비주류'란 다시 말해 '잘 모르는 사람들'이며, 그들을 '고려한다'는 것은 '공감한다'도 '이해한다'도 아닌 '잘 모르지만 나는 당신의 권리를 지킨다'는 말이다.

역설적으로 들릴 수도 있으나 우리가 함께 살아갈 수 있는 이는 나를 구석구석까지 이해하고 공감해주는 사람이 아니라, 나를 이해하지도 못하고 내 언동에 공감도 못하지만 그럼에도 불구하고 "나는 당신의 편이야"라고 말해주는 사람이다.

'후기' 혹은 '사는 것의 즐거움'에 대해

젊은 사람과 이 일을 함께 하다보면 '너희들, 정말로 의욕이 있긴 해?'라는 생각이 들 때가 자주 있습니다. 그 부분을 캐물어보면 의욕이 아예 없는 것은 아닙니다. 다만 의욕의 대상이 확실히 보이지 않고, 또 '이 일을 함으로써 무엇을 목표로 삼을 것인가' 하는 일 자체의 연결고리가 빠져 있는 거죠. 일도 연애도 결혼도 놀이도…… 긍정적으로 쾌활하게 '이런저런 일이 있지만 힘차게 해나가자'라고 생각하지 못한다는 데 이 시대의 어려움이 있습니다. 애초에 그게 어려운 이유는 무엇일까요.

마지막 회는 《Meets》의 고 히로키 편집장에게 받은 '사는 것의 즐거움에 대해'라는 어려운 주제다.

'의욕의 대상이 확실히 보이지 않는' 젊은이 여러분께 그 '의욕 없음'의 원인을 알려주고 가능하면 '힘차게 해나가자'라는 밝은 결론을 이끌어내고 싶다는 것이 고 씨의 요청이다.

어려운 질문이지만 이에 대해 확실히 답변하며 시리즈의 마지막을 장식하고 싶다.

예전에도 말씀드린 적 있는데, 인간사에 관한 난문은 대체로 '정답을 내는 것이 어려운 질문'이 아니라 '정답이 없는 질문' 또는 '정답이 많은 질문'이다. 그렇다 해서 어려운 질문을 마주할 때마다 "그런 질문에 정답은 없다"며 조직적으로 시치미를 떼면 머지않아 누구도 상대해주지 않게 된다.

질문자를 우호적으로 응대하면서도 정답 없는 난문을 해결하는 데는 예부터 전해 내려오는 뛰어난 기법이 몇 가지 있다. 이 칼럼에서도 때때로 그런 종류의 '예부터 전해 내려오는 지적 기법'을 소개했는데 이번이 마지막이다.

그것은 '이야기의 원인과 결과를 바꿔서 생각하기' 혹은 '현상의 그림과 배경을 바꿔서 생각하기'라는 기법이다.

니체는 일찍이 "인간은 중요한 것에 대해서는 언제나 원인과 결과를 뒤바꾼다"라고 설파했다. 현찰하신 대로, 어떤 종류의 질문에 대답이 나오지 않는 까닭은 우리가 종종 원인과 결과를 뒤바꾸는 탓이다. 그래서 천재들은 해답이 불가능한 어려운 문제를 마주할 때 일단 '이야기를 뒤집어본다'는 기법을 구사했다. 이를테면 데즈카 오사무가 그랬듯이.

데즈카 오사무가 천재라는 데 이견이 있는 사람은 없다. 하지만 그가 '어떤 식으로' 천재인지에 대해서는 다양한 해석이 있어서 반드시 의견이 일치하지는 않는다. 나는 데즈카의 천재성이 무엇보다 그 '뒤집힌 스토리텔링'에 있다고 생각한다. 데즈카는 중대한 문제에 대해서는 거의 언제나 '현상의 그림과 배경을 바꿔서 생각하는' 사람이었기 때문이다.

『우주소년 아톰』의 전편을 관통하는 테마는 '인간성이란 무엇인가?'라는 질문이다. 무엇이 인간을 인간답게 만드는가? 인간성을 진실로 뒷받침하는 것은 무엇인가? 데즈카는 제2차 세계대전 직후 이 물음을 스스로에게 던지며 실로 진지하게 그 질문에 몰두했다. 평범한 작가라면 이런저런 비인간적 상황을 겪으며 점차 인간적 성장을 이루어나가는 젊은이를 주인공으로 설정한 이야기를 구상했을 것이다. 그러나 데즈카는 그리 하지 않았다. 이 곤란한 질문에 답하기 위해 데즈카는 놀랍게도 '인간이 아닌 존재'를 주인공으로 삼은 것이다.

'죽은 소년의 대리 표상'인 '성장하지 않는 로봇'이 자신의 조물주=신神인 덴마 박사에게 '무가치한 것'으로 낙인 찍혀 버려지는 더할 나위 없이 절망적인 상황에 내던져진 부분부터 데즈카는 이야기를 시작한다. 자신이 자신이라는 것의 확실함, 자신이 자신이라는 것의 의미를 뒷받침해주는 모든 조건을 빼앗긴 존재는 그 전적인 상실로부터 대체 무엇을 토대로 자신이 존재하는 것의 의미와 존엄을 탈환해나갈 수 있을까? 데즈카는 그런 질문을 제기했던 것이다.

평범한 사람에게는 보장되어 있을 기초적인 자원을 모두 제거한 뒤에도 여전히 무언가가 남아 있어서 그것을 거점 삼아 인간이 자신의 존재 이유를 구축할 수 있다면, 그것이야말로 인간성을 담보하는 '최후의 것'임에 틀림없다. 그것은 무엇인가?

『아톰 대사』의 결말에서 아톰은 지구를 구하기 위해 자신의 목숨을 바친다. 따라서 나는 그것을 데즈카의 결론으로 봐도 좋다고 생각한다. 인간성을 담보하는 것은 DNA도 지성도 감정도 아니다. 인간을 인간답게 만드는 것은 '나는 세상의 모든 인간보다 무거운 책임을 짊어지고 있다'는 '유책감의 (근거 없는) 과잉'이다. 데즈카는 우리에게 그렇게 가르쳐주려 했다. 그에 관해 말하자면 『우주소년 아톰』은 레비나스의 『전체성과 무한』과 거의 같은 결론을 이야기하고 있었던 것이다.

어째서 아톰 이야기를 꺼냈는가 하면, 데즈카 오사무는 당연히도 이번 회의 주제인 '사는 것의 의미는?'이라는 곤란한 질문에까지 대답을 시도했기 때문이다.

이때도 데즈카는 같은 기법을 썼다. 『우주소년 아톰』에서 '인간성이란 무엇인가?'라는 질문에 답하기 위해 '인간이 아닌 것'을 주인공으로 삼았듯, '문명이란 무엇인가?'를 생각하기 위해 정글의 생물들을 주인공으로 삼았듯(『밀림의 왕자 레오』), '섹스란 무엇인가?'에 답하기 위해 성性을 잃은 인간을 주인공으로 삼았듯(『인간들 모여라!』), '사는 것의 의미는?'이라는 질문에 답하기 위해 데즈카는 '죽는 것이 금지된 인간들'을 연작의 주인공으로 삼는 케이스 스터디를 시도했다. 『불새』라는 작품이다.

　'사는 것의 의미는 무엇인가?'라는 질문에 답하기 어려운 까닭은 대답이 무한히 존재해서 수습이 안 되기 때문이다. 그러나 '죽는 것을 금지당하면 어떤 일이 일어나는가?'라는 SF적 가정에서 출발하는 상상에는 저절로 한계가 생긴다. 제아무리 분방한 상상력이라 한들, 커뮤니케이션할 수 있는 모든 존재자가 우주에서 사라진 뒤에도 여전히 영겁을 살아가기를 숙명 지워진 자의 '절대적 고독'이라는 공포보다 더한 공포를 상상하기란 불가능하기 때문이다.

　인간이 상상할 수 있는 최악의 사태는 모든 것이 변하고 사라지는 가운데 자기 혼자만 '불사'에 머무르는 일이다. 데즈카 오사무는 『불새』에서 그 '죽지 못하는 공포'를 집요하게 묘사했다.

　그리하여 데즈카가 이끌어낸 결론은 『우주소년 아톰』에서와 마찬가지로 상쾌하고 명료하다. 바로 '인간은 죽을 수 있기 때문에 행복하다'는 것이다.

　인간은 한정된 시간, 한정된 공간 속에 갇혀 한 번 부서지면 두 번 다시 본래 상태로 되돌릴 수 없고, 한 번 잃어버리면 두 번 다시 만날 수 없는 것으로 둘러싸여 있다. 인간을 둘러싼 모든 것은 불가역하게 상실된다. 그러나 '모든 것은 소멸하고 우리는 반드시 죽는다'라는 사실 자체가 실은 인간의 행복을 뒷받침한다. 데즈카가 우리에게 가르쳐주려 했던 것은 그 점이다.

우리가 사랑하는 모든 것은 부서지고 상실되고 사라지기로 숙명 지워져 있다. 우리가 매끄러운 피부나 윤기 나는 머리카락, 희고 가지런한 이를 칭찬하는 이유는 그것이 나이를 먹음과 동시에 확실히 상실되기 때문이다. 우리가 화폐를 모으고 싶어 하는 이유는 되도록 극적인 방법으로 그것을 탕진하기 위해서다. 우리가 정보를 모으는 이유는 그것을 효과적으로 팔아넘기기 위해서다. 대체로 우리가 '가치 있다'고 판단하는 모든 것은 그것을 잃어갈 때, 바로 그것이 '상실되고 있기 때문'에 더없는 희열을 안겨주도록 구조화되어 있다. 그러므로 우리가 욕망하는 것은 그것을 안정적이고 지속적으로 확보하는 일이 불가능한 대상으로 한정된다.

사는 것의 의미에 대해서도 같은 말을 할 수 있다. 우리가 미모나 건강을 중시하는 까닭은 언젠가 상실될 것이 확실하기 때문이다. 우리가 자신의 '생명'을 아끼는 이유는 그것이 이 순간에도 일 초 일 초 상실되고 있다는 사실을 잘 알기 때문이다.

하지만 이런 이야기도 '살아가는 희열'을 아무래도 느끼지 못한다는 사람의 귀에는 잡음으로만 들리리라. 그분들은 조금 더 언짢은 채 있으라고 하고, 우리는 질문을 한 걸음 더 진전시

켜보자. '변하는 것'은 왜 우리를 매혹하는가?

여기에 아름다운 컷글라스가 있다 치자. 나는 이것을 소중히 다룬다. 약간의 부주의로도 산산이 부서지리라는 사실을 알기 때문이다. 하지만 그런 걱정을 하지 않아도 되도록 밟아도 두들겨도 깨지지 않는 유리잔을 쓰면 되지 않느냐 해도 쉽사리 동조할 수 없다. 아무리 조형적으로 아름다워도 나는 '깨지지 않는 유리잔'에 '깨지는 유리잔'과 같은 애정을 느낄 수 없기 때문이다.

그러나 이는 생각해보면 이상한 이야기다. 만약 겉모습도 촉감도 같다면 '아직 깨지지 않은 유리잔'과 '앞으로도 깨지지 않을 유리잔' 사이에 당장은 유의미한 차이가 없을 것이기 때문이다. 그럼에도 불구하고 내가 '아직 깨지지 않은 유리잔'을 '결코 깨지지 않는 유리잔'보다도 선택적으로 조심스럽게 다룬다면, 그 이유는 하나밖에 없다. 바로 '아직 깨지지 않은 유리잔'에 대해서는 그것이 손에서 미끄러져 바닥에 떨어져서 산산이 부서져 '이미 깨져버린 유리잔'이 된 순간 느낄 상실감과 실망을 내가 상상으로 '선취'하고 있기 때문이다.

요컨대 '깨지는 유리잔'의 매혹을 지금 현재 구성하는 것은 '그것이 상실된 순간 그 자리에 있는 미래의 자신'이 경험할 상실의 예감이다.

지금 눈앞에 있는 '변하기 쉬운 것'의 아름다움이나 덧없음은 그 기물 자체에 내재하지 않는다. 그게 아니라, '그것이 상실된 순간 그 자리에 있는 나'라는 선취된 시점이 만들어낸 '상상의 효과'다. 우리가 '가치 있다'고 생각하는 것의 '가치'는 개개의 사물에 내재하는 것이 아니라 그 사물이 상실되었을 때 우리가 경험할 미래의 상실감으로 담보된다.

우리의 인생은 어떤 면에서는 일종의 '이야기'로 전개된다. '나'는 말하자면 '나라는 이야기'의 독자다. 독자가 책을 읽듯 나는 '나라는 이야기'를 읽는다. 모든 이야기가 그러하듯 이 이야기에서도 각 조각의 의미가 문맥 의존적이어서, 이야기에 마침표가 찍힐 때까지는 그 조각이 '정말로 의미하는 것'을 독자는 알지 못한다.

이는 '범인을 여간해서는 알 수 없는 추리소설'을 읽는 경험과 비슷하다. 수상한 인간이 몇 명이나 등장하는데 누가 범인인지 전혀 짐작이 안 가는 채 줄거리는 점점 더 얽혀서, 이런 기세로 과연 남은 페이지 안에서 제대로 범인이 밝혀지고 이해할 수 없는 밀실 트릭의 전모가 드러날지 독자는 불안해진다. 그러나 그 불안은 책을 읽는 즐거움을 조금도 손상하지 않는다. 아무리 용의자가 북적거리거나 밀실 트릭이 복잡괴기해도, '탐정이 마지막에는 범인을 훌륭하게 알아맞힌다는 것'에 대해서만은 독자가 온몸으로 확신을 가지고 이야기를 읽어나가기 때문이다.

결말을 아직 모름에도 불구하고, 우리는 '아주 결말다운 결말'이 이야기의 마지막에서 우리를 기다리리라는 것에 대해서는 조금의 불안도 느끼지 않는다. 우리가 이야기를 즐길 수 있는 이유는 가상으로 상정된 '이야기를 다 읽은 자신'이 미래에서 현재 독서의 희열을 담보해주기 때문이다. 만약 마지막 장에서 탐정이 범인을 지명하며 모든 복선의 의미를 밝히지 않은 채 소설이 끝나버릴 '수도 있다'고 생각하면, 우리는 추리소설을 즐길 수 없을 테고 애초에 그런 소설을 집어들지도 않을 것이다.

우리의 인생도 이와 마찬가지로 '범인을 아직 모르는 추리소설'처럼 구조화되어 있다. 하지만 그럼에도 불구하고 우리가 나날 속에서 별것 아닌 사소한 일들을 두근두근 즐길 수 있는 이유는 그것이 '거대한 드라마의 복선'이었다는 사실을 나중에 알고서 '과연, 그것은 그런 일이었구나'라고 납득하는 '미래의 나'를 상정하고 있기 때문이다. 우리 나날의 산문적이고 반복이 잦은 생활에 두께와 깊이를 부여하는 것은 지금 살아가는 생활 자체의 리얼리티가 아니라 '나의 인생'이라는 이야기를 다 읽은 나다.

자크 라캉은 이런 인간의 모습을 "인간은 전前미래형으로 자신의 과거를 회상한다"라는 말로 설명한 적이 있다. '전미래형'이란 "내일 세 시에 나는 이 일을 끝냈을 것이다"와 같은 문형에서 보이는, 미래의 어느 시점에서 이미 완료된 동작이나 상태를 가리키는 시제다.

자신의 과거를 떠올릴 때 우리는 물론 '과거에 일어난 사실'을 있는 그대로 이야기하지 않는다. 과거의 추억을 이야기할 때 우리는 청중의 반응에 무관심할 수 없기 때문이다. 어떤 일화에 대해 듣는 이의 반응이 좋으면 '오, 이런 이야기는 인기가 좋구나. 그러면 이 노선으로 나가자'라고 생각하고, 어떤 일화에 대한 반응이 좋지 않으면 '앗, 이런 종류의 자기 자랑은 오히려 인간의 가치를 떨어뜨리는군' 하며 궤도를 수정한다. 우리가 자신의 과거로서 떠올리는 이야기는, 요컨대 그 이야기를 다 들었을 때 듣는 이가 자신을 '어떤 인간이라고 생각하게 될지'를 목표로 행해진다. 이야기를 끝마친 미래의 시점에 듣는 이로부터 얻을 인간적인 신뢰나 존경, 애정을 목표로 나는 자신의 과거를 떠올린다. 이러한 인간 기억의 양상을 라캉은 '전미래형으로 이야기되는 기억'이라고 불렀던 것이다.

이와 같은 일은 우리가 스스로의 현재를 이야기로서 '읽을' 때도 일어난다. 우리는 지금 자신에게 일어나는 어떤 사건(인간관계든 연애 사건이든 일이든)이 '무엇을 의미하는지' 현시점에서 말할 수 없다. 그 사건들이 '무엇을 의미하는지'는 백 퍼센트 문맥 의존적이기 때문이다.

'그 사건으로 인해 나는 얼마 뒤 어쩔 수 없이 미국으로 여행을 떠나게 되었다'거나 '그 연애 사건이 머지않아 내 신변에 생각지도 못한 비극을 불러일으키리라고는, 그때는 누구도 알 길이 없었다'거나 '결과적으로는 그때 병에 걸려서 다른 지방에 가 있었던 게 행운으로 작용하여 나는 지진 재해를 면했다'는 식의 내레이션은 이야기를 마지막까지 '읽은 나'만 붙일 수 있다.

우리는 그 '내레이션'을 실시간으로는 들을 수 없다.

하지만 그럼에도 불구하고 우리는 자신이 연애 사건의 클라이맥스나 싸움의 아수라장 속에 있을 때, 그 자리의 등장인물 전체를 부감하는 카메라의 눈으로 자신을 포함한 풍경을 내려다보며 거기서 '내레이션'이 흐르고 BGM이 들리는 듯한 '기시감'에 사로잡히는 경우가 있다. 아니, 그보다 그런 기시감에 사로잡히는 일이 없다면 우리는 애초에 자신이 '클라이맥스' 속에 있다거나 '아수라장'을 마주하고 있다는 식의 문맥적 위치를 부여하지조차 못할 것이다.

'클라이맥스'란 '클라이맥스 이전'과 '클라이맥스 이후'의 수

수한 장면들 사이에 끼여서 그 긴장감의 차이가 주는 효과로 인해 마침내 '절정의 순간'으로 인식되기 때문이다. '클라이맥스 이전'과 '이후'가 동시에 인식되어야 비로소 '클라이맥스'는 '클라이맥스'이게 된다. '아, 지금 나는 인생의 클라이맥스를 맞이하고 있어'라는 자기 인식은 '그 클라이맥스가 끝나고 평정을 되찾은 뒤'의 시점까지 상상 속 시곗바늘이 나아가야 성립한다. 우리 인생의 고비마다 일어나는 사건에 대한 '내레이션'은 실제로는 시간의 경과를 상당히 선취하지 않으면 '붙이지 못하는 것'이다. 그래서 '내레이션이 붙는 사건'을 마주하고 있다는 실감이 들 때 우리는 시간이 '일그러지는' 신기한 감각을 맛보게 된다.

개인적인 연애 사건이든 폭력 사건이든, 몸을 꼼짝할 수 없는 엄청난 드라마를 마주했을 때 우리는 '왠지 이 풍경을 어딘가에서 본 적 있는 것 같은데……'라는 설명할 수 없는 기시감에 사로잡히는 경우가 있다. 시간의 흐름이 묘하게 찌부러져 엄청나게 천천히 혹은 빠르게 흐르는 등 시간의 균질성과 투명성이 사라지는 듯한 느낌이 들 때가 있다. 그것은 딱히 우리의 감각이 이상해진 게 아니다. 실제로 그때는 시간이 일그러진 것이다.

이는 무슨 사건이든 그것이 어떤 사건인지를 말하기 위해서는 '그 사건이 끝난 시점'까지 상상 속 시곗바늘을 돌려야 하기 때문이다.

우리는 지금 일어나고 있는 '나의 인생'이라는 이야기를 '이미 다 읽은 나(다시 말해 '내레이션의 화자로서의 나')'를 상정하여, '내 이야기를 다 읽은 나'가 지금 일어나고 있는 사건에 리얼리티로서의 두께와 깊이를 그때그때 부여하는 시간의 순서가 뒤바뀐 형태로 살아가고 있다. '나의 이야기를 다 읽은 나'란 바꿔 말하자면 '죽은 뒤의 나'다. '아름다운 컷글라스'의 아름다움을 구성하는 것은 컷글라스가 깨진 순간 그 자리에 있을 미래의 자신이 경험할 상실감인 것과 마찬가지로, 지금 여기서의 내 리얼리티에 두께와 깊이와 열기를 담보하는 것은 '죽은 뒤의 나'라는 시점이다.

추리소설을 읽는 독자는 줄거리가 아무리 불가사의하거나 복잡해도 그로써 읽는 즐거움이 조금도 줄어들지 않는다. 오히려 줄거리가 복잡하고 트릭이 난해할수록 독서의 희열은 커질 것이다. '죽은 뒤의 나'를 가장 먼 점点으로 상정할 수 있는 '나'도 이와 같은 일을 경험한다. 지금 겪고 있는 인간관계가 얼마나 복잡하든, 얼마나 만사의 양상이 얽혀 있든, 일어나고 있는 사건이 얼마나 난해하든, '죽은 뒤의 나'를 상정할 수 있는 나에게 그것은 사는 경험의 희열을 증대할지언정 감소시키지는 않는다. 오히려 이야기가 복잡해지고 혼란이 깊어질수록, 우리 마음속에서는 '나라는 이야기'를 다 읽었을 때 서 있는 시점에서 한눈에 내려다보일 풍경의 광대함에 대한 기대가 커진다.

슬슬 결론을 이야기하자. 이번 회의 질문은 "일도 연애도 결혼도 놀이도…… 긍정적으로 쾌활하게 '이런저런 일이 있지만 힘차게 해나가자'라고 생각하지 못한다는 데 이 시대의 어려움이 있습니다. 애초에 그게 어려운 이유는 무엇일까요"라는 질문이었다.

답은 이미 말한 대로다. 지금 시대가 힘든 이유는 젊은이들에게 '미래가 없기 때문'이다. 더 분명히 말하자면 젊은이들이 '죽은 뒤의 자신'을 현재 자기 자신의 의미를 알기 위한 상상 속 관측점으로서 그려보는 습관을 잃어버렸기 때문이다.

지금의 젊은이들에게 결여된 것은 실은 '살아가는 의욕'이 아니라 '죽음을 향한 각오'다. '사는 것의 의미'가 마음에 사무치지 않는 이유는 '죽는 것의 의미'에 대해 생각하는 습관을 잃어버렸기 때문이다.

"아니, 나한텐 있어"라고 대답하는 사람이 있을지도 모른다. 언제든 죽어줄게, 죽는 건 두렵지 않아, 하며 허세 부리는 사람도 있을 수 있다. 확실히 젊은 사람 가운데는 자신의 생명을 거칠게 다루는 사람이 얼마든지 있다. 거의 죽은 것이나 다름없는 무기력한 생활을 하는 사람도 있다.

하지만 그것은 '죽은' 게 아니다. '자신을 죽이고 있는' 것이다. '자신을 죽이는' 것과 '죽는' 것은 다르다.

'자신을 죽이는' 인간은 '죽인 뒤'에도 상처 없이 '살아남을' 생각이다. 자신의 신체가 사라진 뒤까지 자기 운명의 지배자로 머물러 있을 생각이다. '죽는다'는 것은 그런 인간의 전능성이 끝나고도 더 뒤의 이야기다.

내가 젊은 분들께 권장하는 것은 일단 하나뿐이다. 바로 자신이 어떤 식으로 늙고 어떤 식으로 병들고 쇠약해져 어떤 장소에서 어떤 죽음을 맞이할지에 대해 반복해서 상상하는 것. 곤란한 상상이긴 해도, 지금 이곳에 있는 그대들의 인생을 빛내는 것은 결국 그 상상력뿐이다.

해 제

이 책은 홈페이지 일기에 쓴 잡문과 간사이 지방의 정보지 《Meets Regional》에 약 일 년 동안 〈속續·거리의 현대사상〉 이라는 제목으로 연재한 글을 수록한 것이다.

원래는 편집자 미시마 씨에게 정기적으로 '주제'를 받아서 그에 대해 인생 상담풍으로 답한 글을 모아 한 권으로 만들 예 정이었는데, 한 달에 한 편이라는 속도로는 언제까지고 단행 본이 완성될 것 같지 않아서 '주제' 외에도 《Meets》 편집부의 젊은 편집 스태프들에게 받은 다양한 질문까지 더하여 분량을 늘렸다.

'인생 상담'은 좀 더 인생의 풍설을 견뎌 주옥같은 예지를 터득한 분이 하셔야 할 일이라 나처럼 덜 된 인간이 잘난 척

말하는 것은 가소로운 짓이지만, 쉰 살 넘어서부터 어째서인지 젊은 분들이 상담거리를 가져오는 경우가 많아졌다. 아마도 '우치다 같은 건방진 애송이'라도 나이만 먹으면 어떻게든 이 사회에서 살아남을 수 있다는 사실이 실험적으로 확인되었으니, '인간, 이 정도로 태도가 나빠도 괜찮아'라는 한 기준으로서의 유용성에 주목하신 것이리라.

하지만 어디까지나 내 한 몸은 이로써 어떻게든 살아올 수 있었다는 뜻일 뿐, 다른 여러분이 같은 언동을 하셨을 때 무사히 넘어가리라고는 보장할 수 없다. 결코 범용성 높은 내용을 말한 것 같지는 않으므로, 장래가 촉망되는 젊은 분들은 되도록 내 의견은 별로 참고하지 말고 조용히 세상 사람들의 상식에 따라 사시는 편이 자신을 위한 길이라고 생각한다.

'인생 상담' 이외의 칼럼은 홈페이지 일기 가운데 '문화자본'에 대해 쓴 글과 사카이 준코 씨의 『루저 개가 멀리서 짖는 소리』에 대해 쓴 글을 채록했다. 모두 홈페이지 일기에 쓴 뒤 젊은 독자 분들로부터 다양한 의견이 올라와 사이트를 떠들썩하게 만든 토픽이라 미시마 씨가 '시사 글감'으로서 골라냈다. 글감을 제공해주신 사카이 씨께는 이 자리를 빌려 감사를 전한다. 아주 재미있는 책이었어요.

마지막으로 편집하느라 고생하신 NTT출판의 미시마 구니

히로 씨와 연재 때 신세를 진《Meets》의 고 히로키 편집장, 담당자 오사코 지카라 군, 귀중한 주제를 제공해주신 F타 군, A야마 씨, K노 군, E다 씨께도 감사드립니다. 여러분, 정말 고마웠습니다.

2004년 6월

우치다 타츠루

문고판을 위한 후기

『거리의 현대사상』이 문고본으로 나오게 되어 교정쇄를 훑어봤더니 단행본 후기는 2004년 6월에 썼다고 되어 있었다. 벌써 4년이나 전의 일이다. 세월의 흐름은 빠르다.

이 책은 그 무렵 NTT출판에 있었던 미시마 구니히로 군과의 첫 협업이다. 미시마 군이 '청춘들이 이런저런 고민을 나에게 호소하고, 나는 그 고민에 대해 척척 답한다'는 훌륭한 기획을 구상해서 이 책이 완성되었다. 미시마 군과는 뒤이어 같은 NTT출판에서 『거리의 미국론』(2005)을 출간했고, 그가 독립해서 만든 미시마사에서는 『거리의 중국론』(2007)을 내게 되었다. '거리 시리즈'는 그러므로 나와 미시마 군 유닛이 만드는 연작의 별명이다(이 뒤에도 미시마사에서 『거리의 교육론』이라는 책이 나올 것이다).

'거리의 현대사상'이라는 제목 자체는 동명 에세이를 2002년부터 간사이 지방의 정보지《Meets Regional》에 연재했을 때 당시의 고 히로키 편집장이 붙여줬다.

'거리'는 고 씨의 키워드다. 고 씨는 '시티'나 '어베인urbane' 같은 서양말의 기호성에 진절머리가 나서 (마치 철학자 구키 슈조가 '촌스러움'과 '세련됨'을 구분하는 미학을 가동했듯) '거리적이지 않다'와 '거리적이다'를 기준으로 도시 생활자의 행동을 고려하는 대담하고도 장대한 미적 혁신을 꾀하던 참이었다. '거리적'이란 살아 있는 신체를 통해 거리가 제공하는 여러 가지 '미적인 것'을 탐욕스럽고도 태평하게 즐기는 자세(인 것 같)다.

그 고 씨가 내게 맡긴 것은 '거리적인 사고방식'이란 무엇인가에 대한 실천 예시를 보여주는 일이었다.

나 자신이 '거리적'인 인간인지 아닌지는 잘 모르겠지만, '거리적 선언'에 있어서는 앙드레 브르통*인 고 히로키 대형이 "우치다 선생님은 실질적으로 거리적인 사상가예요"라고 보장해줬으므로 완전히 마음 푹 놓고 연재를 시작했다.

일단 '거리의 사상가'의 일은 시정 생활자들이 나날이 직면

---

* 프랑스의 시인으로 초현실주의의 주창자.

하는 실제 그대로의 문제(어떤 마음으로 일을 하면 좋을지, 결혼하는 편이 이득인지 등)에 즉답하는 것이었다. 나는 어떤 문제에 대해서든 (내가 잘 모르는 주제에 대해서조차) 곧바로 대답할 수 있다는 특기를 가지고 있기 때문에 고 씨의 신임을 마음의 지주 삼아 매우 유쾌하게 그 임무를 완수했다. 연재 때는 아지사카 고지 화백의 네 컷 만화가 함께 실려서 매월 내 에세이에 화백이 어떤 부조리한 만화를 그려줄지 무척 기대되었다. 이때의 연재는 『기간 한정의 사상』(2002)에 실렸다. 이 책의 제3장에 실린 글은 일단 휴재한 뒤 다시 '속·거리의 현대사상'으로 재단장하여 《Meets》에 연재했던 것이다.

이때 내가 역설한 '타자와의 공생 기반은 공감이나 이해가 아니라 〈왠지 잘 모르겠는 사람이지만, 꼭 끌어안으면 틀림없이 마주 안아준다〉는 것만으로 충분하다'라는 명제는 연재 독자들의 '등을 밀어주는' 기능을 한 모양인지, 미시마 군은 그 뒤 망설이던 결혼을 단행했고 놀랍게도 고 씨까지 (이 책에서 '결혼은 이득인가요?'라며 고민하던 A야마 씨와) 결혼했다. 만약 책의 효능을 그것이 현실을 얼마나 바꾸었는지를 기준 삼아 고려해도 된다면, 이 책은 상당히 좋은 노선으로 가고 있다고 말씀드려도 반드시 자화자찬이라고는 할 수 없으리라.

하나 더, 의외의 사실을 보고해야겠다. 이 책은 나의 글 가운데 (『푸코, 바르트, 레비스트로스, 라캉 쉽게 읽기』와 함께) 대학 입시 출제가 매우 잦았던 책이다. 입시 문제는 수험생이 종이가 뚫어져라 읽도록 강제되는 텍스트이니만큼, 출제위원 분들은 이 책 속에서 소년 소녀들에게 교화적으로 좋은 효과를 불러일으킬 '무언가'를 감지하신 것이리라(무엇인지는 모르겠지만).

4년이 지난 뒤 교정쇄를 다시 읽어보니 '아무래도 글감이 낡았는데'라는 생각이 드는 부분도 여기저기 보이고 나중에 내 예견이 빗나간 경우도 있지만, 원칙적으로 오리지널 문언은 손대지 않고 그 형태 그대로 문고화했다.

문고본 교정쇄를 받은 뒤 (너무도 바빠서) 방치한 채 있었더니 담당자 야마모토 히로키 씨가 희미하게 관자놀이에 핏대를 세우며 "아직이예요?"라는 전화를 두 번이나 걸어왔기 때문에, 두 번째 전화가 온 다음 날 허겁지겁 교수회의 도중에 교정을 봤다(내 자리는 의장석의 학장 옆이라서 마치 의사록의 오류를 바로잡는 것처럼 가장하기 위해 적지 않은 연기력이 필요했다). 늘 있는 일이긴 하나 야마모토 군에게는 혈압과 심박수가 올라가는 대응만 해서 정말로 면목 없게 생각한다. 또한 이번에는 "30대 여성 독자를 타깃으로 합시다"라는 야마짱(사죄를 끝마쳐서 점점 호칭이 캐주얼해지고 있다)의 제안에 따라 하시모토 마리 씨에게 해설을 부탁하게 되었다.

이리하여 이 책이 만들어지기까지 늘 그렇듯 매우 많은 분들의 도움을 받았다. 그 여러분께 진심으로(고 씨에게는 마작 점봉으로, 하시모토 씨에게는 샴페인으로, 미시마 씨에게는 새 책의 교정지로, 그 외 다른 분들께는 "감사합니다"라는 말로) 인사를 전하고 싶다. 여러분, 언제나 정말 고맙습니다.

2008년 2월

우치다 타츠루

옮긴이의 말

혐오의 시대에서 벗어나기 위한 사고 훈련

임신했을 때는 지하철을 타는 것이 공포스러웠다. 한번 노약자석에 앉았다가 자리에서 일어섰을 때 어떤 중년 남성으로부터 "왜 앉아서 가고 지랄이야?"라는 욕을 얻어먹은 적이 있기 때문이다. 당황한 채 열차에서 내린 나는 처음에는 그 불의의 공격에 몹시 화가 났지만 나중에는 슬퍼졌다. 나는 지금 속 편한 이분법으로 그 남성을 '이해 못할 타자'로 구분 짓고 편을 가르려는 게 아니다. 그날 나는 배가 잘 드러나지 않는 코트를 입고 있었고 하필이면 임산부 배지도 달고 있지 않았다. 오해할 만했겠지. 하지만 백 번 양보해도 자신의 눈에 비친 지엽적인 부분만을 근거로 타인에게 욕을 퍼부을 권리는 누구에게도 없는 것이 아닐까. 한 번쯤은 그 대상의 이면에 무엇이 있는지 생각해봐도 좋지 않을까(물론 어느 경우에나 공공장소에서 함부로 욕을 퍼부어서는 안 된다는 점은 두말 할 필요도 없지만).

비슷한 슬픔과 안타까움은 나날의 뉴스 속에서도 느낀다. 현상의 단면만을 보고 너무도 쉽게 타인을 재단하는 말들이 각 뉴스의 댓글을 장식한다. 유명인사의 과거 발언 한 마디에 그 사람을 매장할 기세로 덤벼들고, 식당이나 미용실 등의 조그만 실수를 빌미 삼아 가게를 폐점시킬 기세로 소란을 피운다. '맘충'이니 '한남충'이니 하는 혐오 단어는 너무도 널리 퍼져서 거의 절망적일 지경이다.

이들은 어쩌면 자신이 다수파라는 생각으로부터 정당성을 얻어 타인을 매도하는 것일지도 모른다. 평균적인 도덕심을 지닌 자신의 비위를 거스르는 몇몇 대상이 특별하게 이상한 거니까. 세상의 정의에 부합하지 않아 보이니까. 이들은 결코 자신이 '소수파'에 속하는 경우를 상정하지 않는 것 같다. 그러나 본문에서 인용된 무라카미 류의 글에도 나와 있듯, "우리는 상황이 변하면 언제라도 비주류로 분류될 수 있는 가능성 속에서 살고 있다". 실제로는 상황이 변해야 할 것까지도 없다. 현대의 한 개인은 소수파 그룹과 다수파 그룹에 동시에 들어갈 수 있고, 혐오 발언을 당하는 동시에 혐오 발언을 할 수 있다. 그야말로 만인의 만인에 대한 혐오의 시대가 도래한 듯 느끼는 사람이 나뿐만은 아닐 터다.

그러나 이 암담한 현상의 원인을 개인의 콤플렉스나 비뚤어진 자존감에서 찾는 데 나는 동의하지 않는다. 자존감을 회복시킨답시고 인과관계에 관한 성찰도 없이 "괜찮아, 넌 청춘이니까"라며 다짜고짜 등을 다독거리거나, "잘못된 건 세상이지 네가 아니야"라며 만사를 사회 탓으로 돌리는 것은 얼마나 손쉽고도 일시적인 위안인가. 병터는 더욱 깊은 곳에 있는데도 말이다.

무조건적인 혐오는 대체로 몰이해와 무지에서 온다. '맘충' '한남충'이 혐오스럽다고 말하는 사람은 많아도 자기 집에 있는 부인이나 남편, 어머니나 아버지가 혐오스럽다고 말할 수 있는 사람은 별로 없을 것이다. 한 대상을 다각도로 알고 있을 때 그 대상은 '＊＊충' 같은 차가운 기호로 표현될 수 없다. 어떤 대상의 일부분만을 취하여 매도하고 멸시하기란 얼마나 쉬운가. 이런 타성에서 벗어나기 위해 필요한 것이 교양이며 사고다. 십수 년 전에 출간된 우치다 타츠루의 글이 현재의 한국에서 여전히 시의성을 가지는 이유가 바로 여기에 있다.

이 박식하고도 특이한 학자의 글을 읽다 보면 얽히고설킨 혐오와 몰이해, 이 사회에 대한 낙담의 실타래를 풀 수 있는 방법이 눈에 보이는 듯도 하다. 그는 "삶을 윤택하게 만들기 위해 교양을 익힙시다"라거나 "남의 입장에서 생각해봅시다"라는 식의 하나 마나 한 조언을 하지 않는다. 그의 현실 인식은

보다 '리얼하고 쿨'하다. 교양을 익혀야 하는 이유는 문화자본의 편재로 인한 계층사회의 출현(=양극화)을 뒤로 미루기 위해서다(제1장), 자신의 현재 '불행'을 외부 요인(권력, 억압, 사회 구조, 나를 알아주지 않는 타인 등)으로 돌리려는 사고방식은 '루저'와 '위너'가 존재한다는 환상을 재생산할 뿐이다(제2장), 타인은 원래 불쾌한 것이지만 그 이해되지 않고 불쾌한 타자들과 공생하는 능력이야말로 인간의 생존을 가능하게 만들어준다(제3장)……

우선은 우리도 이런 '리얼하고 쿨한' 현실 인식에서 사고를 시작해야 하지 않을까. 어떤 현상의 말단만을 보고 쉽사리 흥분하거나 분노하지 말고, 그 본질에 무엇이 있는지 조용히 생각해보는 것. 이를 위해 지성이 바탕이 된 '상상력을 발휘하는 것'. 우치다 타츠루가 이 책에서 시도한 것은 어쩌면 그런 사고의 훈련이 아닐까.

2018년 12월

이지수

옮긴이 | 이지수

고려대학교와 사이타마대학교에서 일본어와 일본문학을 공부했다. 편집자로 일하다
가 번역자로 전향했다. 텍스트를 성실하고 정확하게 옮기는 번역가가 되기를 꿈꾼다.
『사는 게 뭐라고』, 『죽는 게 뭐라고』, 『아주 오래된 서점』, 『영화를 찍으며 생각한 것』,
『홍차와 장미의 나날』 외 다수의 책을 옮겼다.

거리의 현대사상

초판 1쇄 발행 2019년 1월 10일

지은이 우치다 타츠루
옮긴이 이지수

펴낸곳 서커스출판상회
주소 서울 마포구 월드컵북로 400 5층 24호(상암동, 문화콘텐츠센터)
전화번호 02-3153-1311
팩스 02-3153-2903
전자우편 rigolo@hanmail.net
출판등록 2015년 1월 2일(제2015-000002호)

ISBN 979-11-87295-24-2 03150

이 도서의 국립중앙도서관 출판예정도서목록(CIP)은 서지정보유통지원시스템 홈페이지(http://seoji.nl.go.
kr)와 국가자료공동목록시스템(http://www.nl.go.kr/kolisnet)에서 이용하실 수 있습니다.(CIP제어번호:
CIP2018037584)